DUBANG ANQUAN LINIAN

杜邦安全理念

崔政斌　范拴红 ◎ 编著

▲　　▲　　▲　　▲

所有的事故都是可以防止的

各级管理层对各自的安全直接负责
所有安全操作隐患都是可以控制的

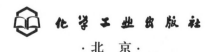

·北 京·

内容简介

《杜邦安全理念》全面阐述了美国杜邦公司的十大安全理念，并把这些安全理念和我国的安全管理实践相结合，提出了一些建设性的理论和方法。在论述杜邦安全理念的同时，也介绍了杜邦公司的某些做法和经验，是一本不可多得的学习杜邦安全管理的论著。

本书分为十一章，除第一章绪论简单介绍杜邦公司的基本情况外，其余各章每章介绍一个杜邦安全理念，并把这些安全理念和企业的安全生产实践融为一体，具有指导性、引领性和规范性。

《杜邦安全理念》可供企业的领导和安全管理者以及员工阅读，也可供高等院校相关专业的师生参考阅读。

图书在版编目（CIP）数据

杜邦安全理念 / 崔政斌，范拴红编著. —北京：化学工业出版社，2021.8 （2025.4重印）
ISBN 978-7-122-39360-9

Ⅰ.①杜… Ⅱ.①崔… ②范… Ⅲ.①杜邦化学公司-工业企业管理-安全管理 Ⅳ.①F471.267

中国版本图书馆CIP数据核字（2021）第118858号

责任编辑：高　震　杜进祥　　　　　　　　装帧设计：韩　飞
责任校对：宋　玮

出版发行：化学工业出版社（北京市东城区青年湖南街13号　邮政编码100011）
印　　装：河北延风印务有限公司
710mm×1000mm　1/16　印张12½　字数217千字　2025年4月北京第1版第7次印刷

购书咨询：010-64518888　　　　　　　　　售后服务：010-64518899
网　　址：http://www.cip.com.cn
凡购买本书，如有缺损质量问题，本社销售中心负责调换。

定　　价：56.00元　　　　　　　　　　　　　　　　　版权所有　违者必究

前言

杜邦公司是世界上最安全的企业之一，其主要原因是杜邦公司生产实践中总结并提炼出适应于公司安全发展的理念。杜邦安全理念对于提高企业安全管理水平具有引领和指导作用。为了深入学习和实践杜邦安全理念，用杜邦安全理念去指导和引领我们自己企业的安全生产工作。

杜邦的安全理念是杜邦公司在长期的安全生产工作中思考和实践的安全思想观念、安全精神向往、安全理想追求和安全哲学信仰。杜邦公司在200多年的发展历程中，吸取了重大事故的教训，并取得了世界瞩目的安全管理成果。杜邦公司逐步形成了对安全管理的理念，即我们常说的"杜邦十大安全理念"。

① 所有事故都是可以防止的
② 各级管理层对各自的安全直接负责
③ 所有操作隐患都是可以控制的
④ 安全是被雇佣的必要条件
⑤ 员工必须接受严格的安全培训
⑥ 各级主管必须进行安全检查
⑦ 发现事故隐患必须及时消除
⑧ 工作外的安全同工作内的安全同等重要
⑨ 良好的安全创造良好的业绩
⑩ 员工的直接参与是关键

从杜邦公司的安全业绩看，成绩是惊人的。杜邦公司安全业绩号称有两个10倍；一个是杜邦公司的安全纪录优于其他企业10倍；另一个是杜邦公司员工上班时比下班后还要安全10倍。杜邦公司安全管理经验告诉我们，安全管理是一个庞大的系统工程，必须全员参与，必须对安全生产的全过程进行管理，必须加大安全教育的力度，在广大职工中形成一个浓厚的企业安全文化氛围，树立高度负责的主人翁责任感和遵章守纪、自我防范的意识。

由于杜邦公司坚定不移地坚持安全、职业道德、对人的尊重和环境保护的核心价值观，从科学的角度解释安全管理的推动因素，并建立了一整套完善的安全管理方案及操作规程，全体员工均参与危险的识别和消除工作，因此保证了将事故隐患消灭在萌芽状态。

杜邦公司对安全的认识有：所有的事故是可以预防的；关心工人的安全和健康至关重要，必须优先于对其他目标的关心；员工是公司的重要财富，每个员工对公司的贡献都具有独特性和增值性；为了取得最佳的安全效果，管理层针对其所做出的安全承诺，必须表现出领导作用并做出榜样；安全生产将提高公司的竞争力，在社会公众和顾客中产生积极的影响；为了有效地消除和控制危害，应积极地采取先进技术和设计；员工并不想使自己受伤害，因此能够进行自我管理，去预防伤害；员工参与安全活动，有助于增加安全知识，提高安全意识，增强对危害的识别能力，对预防伤害和职业病有很大的帮助作用。200多年来基于以上对安全的认识，并经过一系列管理实践和事故教训，杜邦公司总结、提炼、升华出杜邦安全理念。

本书在写作过程中，我们结合新的发展理念和新的安全生产形势，用每章介绍一个理念的方法，阐述杜邦安全理念的精华、方法和做法。书中引入现场安全管理、6S管理等内容，并结合我国国情，详细讲述如何将杜邦安全理念应用在我国企业的安全管理工作中。总的来看，这是一本不可多得的有关杜邦安全理念的专著，相信它的出版对我们理解、学习和实践杜邦安全理念具有一定的帮助和引领作用。

本人是杜邦安全管理理念的受益者、学习者和实践者，在多年的企业安全管理实践中，运用杜邦安全理念去规范企业和自己的行为，在杜邦安全理念的引导下，逐步认识和体会到杜邦安全管理的真谛。虽然本人没有在杜邦的任何企业工作的经历，但强烈的安全生产意识丝毫不减对杜邦安全理念透视的心情。书中的观点是作者一家之见，不涉及任何单位和个人。

本书在写作过程中得到化学工业出版社有关领导和编辑的悉心指导和帮助，在此表示诚挚的谢意。本书在写作过程中也得到石跃武、崔佳、李少聪、杜冬梅等同志提供的插图、资料和文字输入等的整理和帮助，在此，也表示感谢。

由于本人水平有限，书中疏漏在所难免，恳请读者批评指正。

崔政斌　范拴红
2021年5月

目录

第一章 绪论 ... 1

第一节 "长寿企业"经历两个多世纪的发展历程 ... 2
一、杜邦公司初期发展经历 ... 2
二、杜邦公司现代发展经历 ... 3
三、杜邦公司当代发展经历 ... 4

第二节 核心竞争力是企业长寿的"DNA" ... 4
一、概述 ... 4
二、从"开创美好生活"到"创造科学奇迹" ... 6
三、"以人为本"的安全管理体系 ... 7

第三节 建设企业文化,铸造百年之魂 ... 11
一、杜邦公司安全发展的"DNA" ... 11
二、"责任关怀"提升企业竞争力 ... 12
三、会员参与是安全文化建设的根本 ... 13

第四节 杜邦是如何理解安全的 ... 14
一、安全永远是第一就是杜邦对安全的理解 ... 14
二、消除隐患是杜邦理解安全的具体体现 ... 15
三、全员参与管理就是最有效的安全 ... 15
四、有感领导是对安全的最好诠释 ... 16

第二章 所有事故都是可以防止的 ... 19

第一节 杜邦公司预防事故的基本做法 ... 20
一、杜邦公司的安全之路 ... 20
二、事故预防的理论基础 ... 22
三、安全生产背后的社会责任 ... 25

第二节 安全生产成也细节、败也细节 ... 28
一、"海恩法则"是理论基础 ... 28
二、杜邦公司扎实的安全工作基本功 ... 30
三、所有事故都是可以防止的 ... 32

  四、解读"所有事故都是可以防止的"的安全理念 ················ 33
 第三节 经济要发展 事故可预防 ································· 37
  一、思想认识是一切工作的基础和前提 ························· 37
  二、生产安全事故完全是可控可防的 ··························· 41
  三、事故可以预防，安全生产必讲 ······························ 42

第三章 各级管理层对各自的安全直接负责 ················ 45

 第一节 安全生产负责的内涵 ····································· 46
  一、加强管理，提高员工安全意识 ······························ 46
  二、落实责任，全面实行安全生产责任制 ······················ 48
  三、突出重点，开展集中整治和检查 ··························· 49
 第二节 安全责任有效落实的对策 ····························· 51
  一、企业在落实安全责任方面存在的问题 ····················· 52
  二、其他行为主体和因素对企业安全责任落实的影响 ······· 52
  三、落实安全责任的对策 ··· 54
 第三节 落实安全主体责任 提高安全管理水平 ············ 56
  一、安全生产主体责任的内涵 ···································· 56
  二、落实安全生产主体责任的重要意义 ························ 57
  三、健全和落实企业安全生产责任制 ··························· 57
  四、如何落实安全生产责任制 ···································· 58
  五、杜邦落实安全责任的做法 ···································· 58

第四章 所有操作隐患都是可以控制的 ······················ 59

 第一节 把隐患消灭于萌芽状态 ································ 60
  一、基本概念 ·· 60
  二、控制"人"的隐患 ·· 61
  三、控制"设备"的隐患 ··· 61
  四、控制"环境"的隐患 ··· 63
  五、消除管理上的隐患 ··· 64

第二节　企业如何完善隐患控制管理体系 …………………… 65
　　一、全面管理人的不安全行为，确保人为隐患的可控、在控 ………… 66
　　二、全面管理设备的不安全状态，确保设备隐患的可控、在控 ……… 67
　　三、全面管理环境的不安全状况，确保环境隐患的可控、在控 ……… 67
第三节　操作人员隐患的排查与处理 ………………………… 69
　　一、隐患的分类和表现形式 ………………………………………… 70
　　二、隐患的排查 ……………………………………………………… 71
　　三、隐患的处理 ……………………………………………………… 72

第五章　安全是被雇佣的必要条件 ………………………… 77

第一节　概述 …………………………………………………… 78
　　一、安全是被雇佣的必要条件的法律依据 ………………………… 78
　　二、企业安全生产的"防火墙" …………………………………… 79
　　三、管理者要当好"合格产品"质检员 …………………………… 80
第二节　我国企业存在的差距及解决措施 …………………… 81
第三节　如何落实安全是被雇佣的必要条件的安全理念 …… 83
　　一、必须首先接受安全训练观察计划 ……………………………… 84
　　二、我国企业的落实措施 …………………………………………… 86

第六章　员工必须接受严格的安全培训 …………………… 89

第一节　新员工安全培训问题分析及对策 …………………… 90
　　一、新员工安全培训存在的问题 …………………………………… 90
　　二、新员工安全教育培训应该达到的标准 ………………………… 92
　　三、安全教育培训方法的改善 ……………………………………… 93
　　四、杜邦STOP管理方法简介 ……………………………………… 95
第二节　加强员工实际操作能力，促进员工安全意识提升 … 98
　　一、摆正安全教育培训与员工实际操作的关系 …………………… 98
　　二、建立培训与学习岗位技能机制，体现责任、权利、利益 ……… 99
　　三、激励员工实际操作技能的发挥，规范员工严格执行岗位

标准的行为 …………………………………………… 100
第三节　企业安全教育培训的理论和实践 ………… 102
　　一、教育培训内容上求新 ………………………………… 102
　　二、教育培训形式上求活 ………………………………… 103
　　三、教育培训效果上求实 ………………………………… 105

第七章　各级主管必须进行安全检查 ………… 107

第一节　安全检查工作的基本要求 …………………… 108
　　一、安全检查的目的与作用 ……………………………… 108
　　二、安全检查的基本要求 ………………………………… 109

第二节　如何搞好安全检查工作 ……………………… 110
　　一、明确安全检查的目的 ………………………………… 111
　　二、改进检查方式方法 …………………………………… 111
　　三、明确检查的内容 ……………………………………… 111
　　四、突出检查的重点 ……………………………………… 112
　　五、讲究检查的方法 ……………………………………… 112
　　六、发现安全问题 ………………………………………… 112

第三节　安全检查工作方法和程序 …………………… 113
　　一、建立检查组织 ………………………………………… 113
　　二、做好检查前的思想政治工作 ………………………… 114
　　三、自查和互查相结合 …………………………………… 114
　　四、坚持边查边改的原则 ………………………………… 114
　　五、安全生产检查的工作程序 …………………………… 115

第四节　杜邦安全检查的做法 ………………………… 117
　　一、安全从清洁抓起 ……………………………………… 117
　　二、杜邦现场安全管理实例 ……………………………… 118

第五节　安全检查的具体方法 ………………………… 120
　　一、安全检查不能避重就轻 ……………………………… 120
　　二、查事故隐患的方法 …………………………………… 120
　　三、企业安全检查要点荟萃 ……………………………… 122
　　四、安全检查关键在整改 ………………………………… 124

第八章　发现事故隐患必须及时消除 …………………… 127

第一节　构建事故隐患排查治理体系的意义 ………… 128
　　一、强化"分级排查" ………………………………… 128
　　二、强化"提级管理" ………………………………… 129
　　三、强化"四个一百" ………………………………… 129
　　四、强化"两个经常" ………………………………… 129
　　五、建立健全隐患排查治理体系 …………………… 130

第二节　隐患排查治理体系建设的作用 ……………… 132
　　一、明晰隐患排查治理体系建设目标 ……………… 132
　　二、明确隐患排查治理体系建设重点任务 ………… 132
　　三、强化措施，确保隐患排查治理体系建设取得实际效果 … 133

第三节　建立事故隐患排查制度的必然性 …………… 134
　　一、事故隐患管理 …………………………………… 135
　　二、事故隐患检查、报告、评估 …………………… 136
　　三、事故隐患整改 …………………………………… 137

第四节　杜邦隐患治理理念和实践 …………………… 137

第九章　工作外的安全与工作内的安全同等重要 ………… 141

第一节　把安全管理延伸到八小时以外 ……………… 142
　　一、八小时以外的安全很重要 ……………………… 142
　　二、把安全管理延伸到八小时之外 ………………… 143

第二节　杜邦安全要求和八小时以外的做法 ………… 144
　　一、工作外的伤害带来的影响 ……………………… 144
　　二、杜邦办公室安全基本要求 ……………………… 145
　　三、建立八小时以外的工作机制 …………………… 145

第十章　良好的安全创造良好的业绩 …………………… 147

第一节　安全是一门好的生意 ………………………… 148

一、良好的安全就是一门最好的生意 …………………………… 148
　　二、良好的安全创造良好的业绩 ……………………………… 148
第二节　良好安全创造良好业绩的实例 …………………………… 153
　　一、神华集团的安全管理理念 ………………………………… 154
　　二、危险源识别和风险评估 …………………………………… 156
　　三、工作场所风险评估的基本类型 …………………………… 157
　　四、工作场所风险评估方法 …………………………………… 158
第三节　杜邦的安全业绩 …………………………………………… 160
　　一、杜邦安全业绩 ……………………………………………… 160
　　二、杜邦安全管理的成本与效益 ……………………………… 161
　　三、杜邦安全文化的建设 ……………………………………… 162

第十一章　员工的直接参与是关键 …………………………… 165

第一节　员工参与安全管理过程中的关键条件 …………………… 166
　　一、四个关键条件 ……………………………………………… 167
　　二、三种主要方式 ……………………………………………… 168
第二节　员工参与安全管理的理论基础 …………………………… 170
　　一、参与管理的理论基础 ……………………………………… 170
　　二、员工参与管理的作用 ……………………………………… 170
　　三、员工参与管理的主要形式 ………………………………… 171
第三节　员工的认同和参与是企业安全文化建设的关键 ………… 173
　　一、以员工为本，抓好民心工程 ……………………………… 173
　　二、加强沟通，提升员工对企业安全文化的认同度 ………… 174
　　三、树立榜样，以模范员工的精神激励职工 ………………… 174
　　四、广泛宣传，培养主体意识，倡导员工积极参与 ………… 175
第四节　安全生产必须让员工参与进来 …………………………… 176
　　一、美国福特汽车公司员工参与人情化安全管理案例 ……… 176
　　二、全员参与设备安全管理的重要性 ………………………… 177
　　三、如何让员工积极参与安全绩效管理 ……………………… 178
第五节　杜邦是如何落实现场安全管理的 ………………………… 182

一、要有能见度 …………………………………………… 182
二、须搞好与员工的关系 ………………………………… 183
三、工作团体的投入 ……………………………………… 183
四、强调主动管理 ………………………………………… 185

参考文献 …………………………………………………… 187

第一章 绪论

美国杜邦（DuPont）公司是美国最大的化学工业公司之一，素有世界"化工帝国"之称。经过杜邦家族五代人的经营，杜邦公司成为典型的家族垄断企业。杜邦公司创建于1802年，已有两个世纪多的历史，是世界500强中岁数最大、资格最老的化工企业。杜邦公司以制造火药起家，是世界上最早制定出安全条例的公司。杜邦公司建设以"责任关怀"和"创造科学奇迹"为核心价值观的企业文化。杜邦公司在《财富》2019年度世界500强中排第100位，年营业收入859.77亿美元。

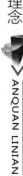

第一节 "长寿企业"经历两个多世纪的发展历程

一、杜邦公司初期发展经历

杜邦公司创建于19世纪的1802年,创始人是厄留梯尔·伊雷内·杜邦。1771年6月24日,厄留梯尔·伊雷内·杜邦出生于法国巴黎,他的父亲皮埃尔·缪尔·杜邦是重农学派经济学家,曾被路易十六封为贵族。1799年10月2日,伊雷内·杜邦随父亲登上美国船"美国之鹰"号,开始了赴美国的冒险航程,并于1800年元旦到达罗得岛。

伊雷内·杜邦曾在"现代化学之父"、著名化学家、法国皇家火药厂总监拉瓦锡门下学习过制造火药的技术。到达美国之后,发现美国火药质次价昂,而他掌握着能够比之物美价廉的火药生产技术,因此,他决定开办火药厂。他与合伙人皮埃尔·鲍迪一起,买进了位于布兰迪万河畔的一座名叫布鲁姆的农场,于1802年4月建立了当时美国最大的火药厂,这一天杜邦公司诞生了。

法国大革命前,伊雷内·杜邦的父亲曾与时任美国驻法国公使托马斯·杰斐逊成为亲密的朋友。不久以后,托马斯·杰斐逊当选为美国总统,这使杜邦家族在美国的发展如鱼得水、如虎添翼,赢得了大批政府合同。1805年,美国陆军部长宣布,杜邦公司将承包政府的全部火药生产。因此,早期杜邦公司的生产和经营是相当成功的,从1803～1810年,利润平均为其销售额的18%,公司资产在1810～1815年间增至原来的3倍。在杜邦公司,伊雷内·杜邦实行的是终身雇佣制,而且这种雇佣,对劳工来说是代代相传的。鉴于火药制造行业的危险性,伊雷内·杜邦为在工厂事故中死亡的家庭建立了抚恤制度,使每个因公死亡的工人家庭每月能得到10美元的抚恤金。

1834年,杜邦公司的第一代管理者伊雷内·杜邦去世后,其子艾尔弗雷德·维克托·杜邦和亨利·杜邦接管公司并买下了其他合伙人的股份,从而奠定了杜邦家族对公司控制的基础。19世纪40年代的美墨战争、19世纪50年代的克里米亚战争以及19世纪60年代的美国南北战争都为杜邦公司提供了巨大的发展的机会。亨利·杜邦这位被称为"将军"的铁腕人物是杜邦公司的第二代管理者,他主管杜邦公司近40年,到美国南北战争结束时,杜邦公司已经发展为执美国火药生产牛耳的一家大公司了。1889年，美国92.5%的火药生产已垄断在杜邦公司手中。这一时期主管杜邦公司全面工作的是第三代管理者尤金·杜邦。尤金·杜邦是亨利·杜邦的侄子。从19世纪50年代开始，在经济发展的推动下，美国的私人股份有限公司依托发达的信用制度和法律的保护，迅速发展起来。股份有限公司的崛起不仅有效地解决了工业和经济发展的资金筹集问题，而且直接推动了企业内部管理的改进。1899年底，一个新的大型股份有限公司"E·I·杜邦·德·尼莫尔股份有限公司"成立，宣告杜邦公司实现了第一次转变：由家长式的企业管理向现代企业管理的转变。

二、杜邦公司现代发展经历

1902年，公司总裁尤金·杜邦去世，公司创始人伊雷尔·杜邦的三个曾孙托马斯·克莱蒙·杜邦、阿尔弗雷德·伊雷尼·杜邦和皮埃尔·塞缪尔·杜邦买下了杜邦公司，成为杜邦公司的第四代管理者。三兄弟制订了杜邦公司向新的方向发展的计划。他们重视科学研究，相继建立了东部实验站和中央实验站，主管实验站的是查尔斯·里斯博士，利用公司在化学纤维素方面的知识来扩大公司的产品品种，杜邦公司开始向着多样化的经营方向转变。1903年，在皮埃尔·塞缪尔·杜邦的主持下，杜邦公司实施企业会计方法上的创新，结束了长期以来美国企业中流行的成本会计、资本会计和财务会计三者分离的现象。1920年，布兰迪万河畔的火药工厂关闭了，标志着杜邦公司作为单一火药公司历史的终结，同时也意味着它作为产品生产多样化的化学公司的开端，并调整了企业的组织。杜邦公司新的管理结构是按照炸药、摄影胶片、合成纤维、油漆、塑料、化工等不同产品的生产系统，作为整个公司的中层管理结构。启用广告用语"用化学为更美好的生活创造更美好的物品"。杜邦公司实现了第二次转变：由单一产品向多产品转变。

20世纪20年代，杜邦公司经过周密的分析，提出了一系列组织机构设置的原则，创造了一个多分部的组织机构。新分权化的组织使杜邦公司很快成为一个具有高效能的集团，所有单位构成了一个有机的整体，公司组织具有了很大的弹性，能适应各种需要而变化。在20世纪30年代后，杜邦公司以新的战略参加竞争，致力于发展新产品，垄断新的化学产品生产。20世纪30~60年代，被杜邦公司首先控制的、有着重要意义的化学工业新产品有合成橡胶、尿素、乙烯、尼龙、的确良、塑料等，直至参与第一颗原子弹的制造，并迅速转向氢弹生产。1967年底，杜邦家族的第五代管理者科普兰·杜邦把总经理一职让给了非杜邦家族的马可，自己专任董事长一职，财务委员会议议长也由别人担任，从而形成了分权制的"三头马车式"的集团管理体制。企业在董事会战

略指导下进行分层决策，引进了外聘董事制，帮助公司进行企业文化、营销策略、组织体制、企业再造、资本运营等方面的决策。这种"有效的富有伸缩性的管理工具"的建立，标志着杜邦公司实现了第三次转变：由家族企业向现代巨型公司转变。

三、杜邦公司当代发展经历

进入20世纪80年代，杜邦公司以"创造科学奇迹"为发展理念，加速企业发展。1981年，杜邦公司以高达75.7亿美元的价格吞并了摩根财团的大陆石油公司，成为美国历史上的一起重大合并事件。1984年，杜邦公司在我国北京设立办事处，此后，相继建立1个控股公司、3个分公司、20家独资和合资企业，员工有3000多名。1997年，杜邦公司全球销售额为451亿美元，在全球70多个国家和地区设有全资或合资的子公司和办事处。跨入21世纪，杜邦公司成为全球工业界领导，带着"责任关怀"的核心价值观进入了公司持续发展的第三个百年，继续为人们的"衣食住行"创造科学奇迹。

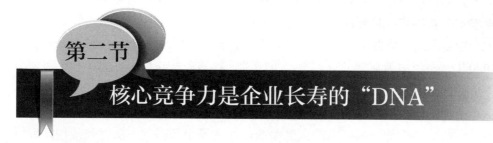

第二节 核心竞争力是企业长寿的"DNA"

一、概述

核心竞争力是企业在长期经营中形成的独特、动态的能力资源，支持着企业在市场中保持可持续竞争优势的发展，这种核心竞争力是企业整合各种资源和各方面能力的结果。核心竞争力是群体或团队中根深蒂固、互相弥补的一系列技能和知识的组合，借助该能力，能够按世界一流水平实施一项或多项工作的核心流程。企业核心竞争力就是企业长期形成的，蕴涵于企业内质中的，企业独具的，支撑企业过去、现在和未来的竞争优势，并使企业在竞争环境中能够长时间取得主动的核心能力。核心竞争力是一种动态的能力资源，具有自我调整、自我完善的性质。核心竞争力本身包含一种强大的适应能力、创造能力，正是这种调适和创新的能力使企业永葆青春活力，长盛不衰，因此，核心竞争力是企业长寿的"DNA"。

首先提出"核心竞争力"概念的普拉哈拉和加里·哈梅尔在其经典的《公司的核心竞争力》一文中指出："多元化公司就好比一棵大树，树干和几个主要枝杈是核心产品，较纤细的树枝则是业务单元，叶、花与果实则属于最终产品。为大树提供养分和起支撑固定作用的根系就是公司的核心竞争力。"对于杜邦公司来讲，正是核心竞争力这个"根系"，使企业历经两个多世纪的沧桑而不衰，依然保持着旺盛的活力。

1. 杜邦公司的"根系"

什么是杜邦公司的"根系"？有人说，是杜邦公司的安全管理理念。的确，杜邦公司堪称世界企业中的安全典范。对于一个以实现利润最大化为目的的企业，安全固然重要，但安全绝不是企业生存的根本。有人分析，创新理念是杜邦公司的"根系"。诚然，杜邦公司创新成果累累，为人类社会的文明进步做出了丰碑式的贡献。问题是这种理念何以世代相传，无论人事如何更迭，为何唯此不变？有人探究，杜邦公司的"长寿"是组织管理使然。如前所述，杜邦公司经历了三次大转变，推动了企业的持续发展。然而，是什么力量让杜邦公司能够与时俱进，永远立于时代的潮头？笔者认为，以上几个方面都是杜邦公司的"树干和几个重要枝杈"，而杜邦公司的企业文化以及企业安全文化才是"为大树提供养分和起支撑固定作用的根系"。

2. 企业文化是杜邦公司的灵魂

企业文化的内涵是企业的核心价值观、经营哲学、管理方式、用人机制、行为准则的总和。其中最为重要的是企业的核心价值观，这个价值观是在企业成长的过程中不断沉淀积累的结果，是根据所从事行业的特点和外部环境的变化，不断批判和继承的结果。企业在价值观的引导下，会聚集起一批具有相同价值观的员工，在相互认同的工作方式和工作氛围里，为共同的价值目标而努力，使企业具有极强的凝聚力和竞争力，最终赢得竞争的胜利，求得企业的扩大与发展。企业文化对于一个企业的成长来说，看起来不是最直接的因素，但却是最持久的决定因素。核心价值观规范和指导着一代又一代的企业领导人和员工为企业发展不懈努力奋斗。企业文化是企业生存和发展的"元气"，是企业核心竞争力的活力之根和动力之源。企业核心价值观是一个企业做取舍、辨是非、明赏罚、论能否、定褒贬的尺度和标准。美国兰德公司曾花20年时间跟踪了500家世界大公司，发现其中百年不衰的企业有一个共同的特点，就是他们始终坚持以下四种价值观：一是人的价值高于物的价值；二是共同价值高于个人价值；三是社会价值高于利润价值；四是用户价值高于生产价值。这正是打造企业核心竞争力的重要"着力点"，同时也是发挥企业核心竞争力的重要"支点"。

杜邦公司的核心价值观集中体现为"责任关怀"四个字。"责任关怀"包括三个方面的内涵：一是"以人为本"，视人的价值高于一切，并坚定不移地坚持健康、安全和平等待人，充分体现对人的尊重、对人的平等和对人的信任；二是坚持不断创新，以获得持续发展，为股东、客户、合作伙伴和社会创造新的价值，努力提高安全健康及环境保护业绩，产品要为公司和相关群体带来切实的利益；三是致力于科学发现，通过解开自然界的奥秘，将之变成社会接受和需求的价值，带给世人科学的奇迹，用科技的"飞跃"帮助世界变得更健康、更安全、更美好。

杜邦公司的"责任关怀"核心价值观，体现在企业的管理制度、企业的经营实践、员工的行为方式中，并借助优良的企业文化构造一个良好的组织氛围和环境，增强员工的工作积极性、主动性和凝聚力，激发员工的士气、斗志和创造力，以文化的力量推动企业的进一步发展。企业核心价值观既要一以贯之，又要不断深化发展。1999年9月，杜邦公司宣布企业的全球定位，将从严格意义上的一家"化学公司"转变为更加综合的"科学公司"，同时将宣传了65年的企业目标"生产优质产品，开创美好生活"改变为"创造科学奇迹"。这一企业目标的改变是杜邦公司质的飞跃。

二、从"开创美好生活"到"创造科学奇迹"

基于"责任关怀"的核心价值观，为了用科技的"飞跃"帮助世界变得更健康、更安全、更美好，杜邦公司对科学研究工作十分重视。杜邦公司在研究与发展上投资力度很大，1979年研究与发展费用为4.20亿美元，到1982年增至8.79亿美元。目前，杜邦公司平均每年用于科研开发的费用高达13亿美元。仅杜邦实验站每年就投入12亿美元的研发费用，集中精力专攻那些具备市场前景、商业可操作性以及技术原创性的项目。

进入21世纪，为了实现"创造科学奇迹"的企业目标，杜邦公司及其实验站正在进行的研究与开发项目有纳米技术、新兴显示技术、燃料电池能源和以玉米等可再生资源生产的生物材料。这些研究可望带来有助于防止癌症和骨质疏松的食品，能自行调整性能的"智能"材料，能制造可生物降解产品的微生物，以及加强个人防护的创新材料。2000年，杜邦公司与麻省理工学院开始合作开展在生物科技和材料领域的尖端研究。这个总投资额高达3500万美元，为期5年的合作项目将综合杜邦公司与麻省理工学院在材料科学、化学、生命科学方面的优势，在生物电子学、生物传感器、仿生材料、替代能源和高附加值材料领域开发新的材料和工业应用技术。

杜邦公司于1980年开发成功磺酰脲类除草剂，这类除草剂不会给环境造成影响。1998年，杜邦公司首次推出了每天只需服用一次的治疗艾滋病的新药Sustiva。杜邦公司发明的"莱卡"，曾被《财富》杂志列入"20世纪影响人类生活的十大服装品牌"，这个有着被誉为"世界纺织业八大品牌"之一的东西，其实既不是成衣品牌，也不是布料和制衣原料，而是一个中间辅料型产品——杜邦独创的"人造弹性纤维"。它不可单独制纱，只是作为面料的一种添加物，通过与其他纤维的交织混纺，用其独特的延伸性与回复性来改善衣物的外观和手感。如今，"莱卡"的合作伙伴，不仅仅有阿玛尼、宝姿、黛安芬、Chanel、Boss等世界著名品牌，还有越来越多的我国服装制造企业，像三枪等都与其建立了良好的合作关系，参与分享"莱卡"已经形成的品牌优势。杜邦公司发明的"凯芙拉"纤维，是自人造有机纤维被开发以来最重要的品种之一，在同等重量下，它的强度是钢的5倍。实践证明具有卓越的防弹性能，而且被广泛用在那些需要高强度、低重量的地方。它的主要用途有军用防弹衣、头盔，警用防弹衣、头盔，监狱警务人员穿的防刺衣，VIP防弹车，防弹运钞车，各种防弹装甲等。也有根据人体工学专为女性设计的防弹、防刺衣，体现了舒适与美观的最佳组合，这种防弹衣已被多国警察采用。

2001年2月，杜邦公司成立燃料电池业务部，试图在全球新兴的阳离子交换膜燃料电池市场中成为主要供货商。燃料电池并不是真正的电池，有人以其无污染无公害称之为环保发电机。杜邦公司的创新已经扩展到电子和信息技术领域。杜邦公司研制开发的有机发光二极管采用有机材料替代传统发光二极管中使用的复杂的结晶结构的材料。与传统的液晶相比，有机发光二极管显示器不需要背光，因而大大降低了能耗。同时，它的运行速度更快，重量更轻，亮度比其他显示器更高。杜邦面向新世纪产品发展及分布见图1-1。

三、"以人为本"的安全管理体系

杜邦公司基于"责任关怀"的核心价值观，形成了"以人为本、安全至上"的企业安全文化，建立了完备的安全管理体系，成为世界工业企业安全生产的楷模。每个进入杜邦公司的员工最先接受的是安全培训，员工要树立10大安全信念：

① 所有的事故都是可以防止的；
② 各级管理层对各自的安全直接负责；
③ 所有操作隐患都是可以控制的；
④ 安全是被雇佣的必要条件；

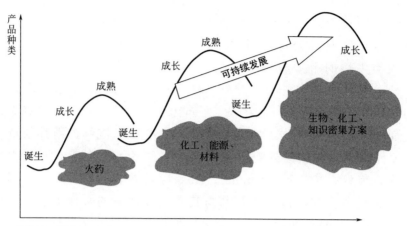

图1-1　杜邦面向新世纪产品发展及分布

⑤ 员工必须接受严格的安全培训；

⑥ 各级主管必须进行安全检查；

⑦ 发现事故隐患必须及时消除；

⑧ 工作外的安全与工作内的安全同等重要；

⑨ 良好的安全创造良好的业绩；

⑩ 员工的直接参与是关键。

1.杜邦公司的基本安全规定

杜邦公司规定，无论是在公司内或公司外，还是在何时何地，任何行动都要以安全为第一原则。参加杜邦公司的任何一个会议，无论是内部员工会还是与政府首脑会谈，会议主持人的第一句话都是："开会前，我先向诸位介绍安全出口。"杜邦公司极少召开大会，100人的会算是大会，会前必有保安考察，并在会上宣布疏散步骤。

在举世震惊的"9·11"恐怖事件后，美国政府曾向杜邦公司提出安全咨询，包括建筑物的安全技术等。可见，杜邦公司的安全管理在美国的影响力是巨大的。杜邦公司有健全的安全保障系统，该公司设有总的安全和健康委员会及分支委员会。总的安全和健康委员会由经理和董事担任主席，其他成员包括各部门主任、安全主管和工厂医生等。各个工厂建立分支委员会。分支委员会负责本单位内的所有安全和防范事务管理，并向总委员会汇报自身不能解决的问题及涉及整个工厂的安全问题。杜邦公司严格规定，所有工厂的厂长和管理人员都应定时对工厂现场进行安全检查。各级主管也应在其责任范围内，根据生产运行情况进行经常性的安全检查。在这些安全检查中，主管人员定期和员工共同研究具体操作程序,以确保员工完全理解安全程序,并检查安全程序的适宜性。杜邦公司制定"杜邦全新高级安全培训及监察制度",该制度分为4个部分,包括帮助受训者提高安全检查的技巧、安全检查交流的技巧、安全报告的技巧、事故调查的技巧。开始时杜邦公司的安全制度是针对员工的人身安全的,到后来发展到财产安全、保护环境、保护社会,无论工厂建在哪里都要成为一个安全的工厂。1994年,杜邦公司提出了"零工伤、零职业病和零事故"的安全目标,并坚信"从科学出发,所有事故均可避免"。杜邦公司的安全纪录和其他工业企业比较,其安全度高于其他企业10倍。杜邦公司重大环境事故已从1900年每年超过100起减少到1990年和1998年的几乎是零。2000年,杜邦公司在全球各地企业的温室气体排放量比1990年减少60%。杜邦公司自豪地宣布:"杜邦公司是世界上最安全的地方。"杜邦公司是全球工业安全的标准,其他公司在衡量他们自己时均以杜邦公司为参照对象和学习的榜样。在处理危险材料方面,世界上没有一家企业比杜邦公司做得更好。整个20世纪90年代,杜邦公司在企业环保业绩和可持续发展的创新方面一直处于领先地位。在淘汰氟利昂和开发环保型替代产品方面,杜邦公司被公认为是先行者。杜邦公司是世界上第一家以"将废物和排放物降低为零"作为奋斗目标的企业,并因在这方面居领导地位而荣获联合国的奖项。

2. 杜邦公司"以人为本、安全至上"的渊源

杜邦公司建设"以人为本、安全至上"的企业安全文化是有历史渊源的。杜邦公司是以制造火药起家的。火药厂里可谓"处处危险,危机四伏"。杜邦公司的创始人伊雷内·杜邦深知安全的重要,尽管处处小心,仍然在第一家工厂经营10年左右的时候,发生了一次爆炸。那次事故不但使伊雷内·杜邦破了财,还使几个工人丢了性命。这件事让伊雷内·杜邦深感震惊,痛定思痛,他给自己下了一条死命令,决不能让这种事故再次发生,他发誓要让他的工厂成为最安全的地方。为了表明自己的决心,他在新建厂房时索性把自己的家就建在工厂火药仓库旁边,后面是一条小河与外界相隔。如果发生爆炸,第一个炸死的就是伊雷内·杜邦和他的家人。由于有小河的阻隔,外面人的伤亡可得以减少。伊雷内·杜邦这种"破釜沉舟",把自己"置于死地"的做法,充分体现了杜邦家族对工人和社会承担的责任和倾注的关怀。伊雷内·杜邦以身先士卒的行动倡导"责任关怀"的企业价值观,建设"以人为本、安全至上"的企业安全文化,养成了安全制度严格、员工自觉遵守、管理执行坚决的良好传统。

伊雷内·杜邦视安全为企业的生命,1811年,率先制订员工安全计划,成为世界上最早制定出安全条例的公司,倡导"制定并遵守科学的安全制度,任

何工业事故都是可以避免的"安全理念。1812年杜邦公司做出强硬规定：进入厂区的马匹不得钉铁掌，马蹄都要用棉布包裹着，以免铁钉碰到硬物产生明火花而造成爆炸；任何一道新的工序、新的设施在没有经过杜邦家庭成员亲自试验时，其他员工均不得进行操作。虽然，杜邦公司早已停止了火药生产，也已剥离了石油业务，企业也扩展到了全球。但是，安全管理更加细化，重视安全成为企业最重要的制度。1911年，杜邦公司成立了世界上第一个企业安全委员会，至今还保存着历年来的安全操作纪录。

3. 杜邦公司的安全奖励

1923年，杜邦公司建立起"无事故纪录总统奖"，并逐步完善了将工伤、疾病和事故降为零的杜邦安全管理制度。

1990年，杜邦公司又设立了"安全、健康与环境保护杰出奖"，该奖项面向企业内部和整个社会，获奖的个人或团体均能得到5000美元的奖励。杜邦公司在中国大陆先后设立了几十家企业，同时也将杜邦公司的"责任关怀"理念和安全管理制度带到了中国。如杜邦公司东莞电子材料公司的安全防患措施就十分严格，近乎苛刻。譬如，每位进入车间的员工必须戴防护眼镜、身着防护服以防化学药剂溅到眼睛里或身体上；工厂还规定每一个工作室出口处上方的指示灯要保持常明；每一个车间都安装有淋浴器，包括紧急冲淋器和洗眼装置，每周有专人检查这些安全装置，测试有无故障。再如杜邦公司深圳独资工厂厂区附近没有设立交通信号灯，马路也没有画出人行横道线。于是该厂向杜邦公司美国总部的"杜邦社区公益服务基金"申请了一笔资金，在社区设立了车辆交通安全装置。杜邦公司东莞电子材料公司为员工专门制作了"员工诊疗卡"，使公司员工在外地出差或休假时如遇到突发事故，需就诊或紧急治疗时，即使在资金不足的情况下，也能得到及时的医疗帮助。此卡的正面有员工的姓名、亲笔签名及身份证号码，背面印有杜邦公司在中国企业的联系人及联系方式，诊疗卡上印有"杜邦东莞衷心感谢贵院照顾我们的员工。如员工无法支付现金，杜邦东莞保证支付全部费用，请将账目清单连同此卡一并寄往：……"。又如杜邦公司上海农化有限公司针对农药生产的危险性和特殊性，对员工工作服的存放、清洗和废旧制服的处理都做出了具体的规定，严格要求员工不得把工作服穿出工厂。杜邦公司从1953年就开始考察员工下班后的安全表现，并提出了一些具体要求和建议，包括员工在家里因做家务受了伤，也要向公司汇报。杜邦公司总裁解释这项安全考察规定时说："无论何时，忽视安全都是没有科学态度的表现。平时讲究安全，就能远离意外的阴影，给自己和家人最大的保障。"这就是工作内和工作外的安全同等重要的最好诠释。责任关怀的重点对象见图1-2。

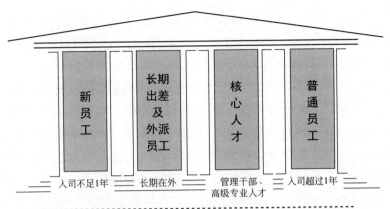

图1-2 责任关怀的重点对象

第三节 建设企业文化,铸造百年之魂

一、杜邦公司安全发展的"DNA"

杜邦公司已经成立200多年,200多年的长寿企业,在全世界来说也是屈指可数的。难能可贵的是,如此一个长寿企业却充满青春活力,没有丝毫的老态龙钟,也没有患任何"大企业病"。200多年长盛不衰、不断发展且一直保持业绩有所增长,杜邦公司好像一株参天大树,树冠如盖,遮天蔽日,枝繁叶茂,硕果累累,这充分显示了作为"根系"的企业文化的巨大作用。美国麻省理工学院教授迈克尔·汉默指出,一个组织不只是一系列产品和服务的组合,它同时也是人文团体。像其他社会团体一样,它也培育了特殊的形式,即"企业文化"。哈佛商学院的著名教授约翰·科特在《企业文化与经营业绩》一书中提出:企业文化对企业长期经营业绩有着重大的作用。企业文化作为人文组织的上层建筑,它具有自我内聚、自我改造、自我调控、自我完善、自我延续的独特功能,一旦形成良性循环,就会持续推动企业本身的发展。

200多年前,当伊雷内·杜邦创建杜邦公司后,即身体力行地倡导"责任关怀"的价值观,建设"坚持创新、以人为本、安全至上"的企业文化。悠悠岁月,沧海桑田,人事更迭,产品换代,唯一不变的是企业文化。企业文化通过改变新员工的旧有价值观念,培育他们的认同感和归属感,建立起成员与组织之间的依存关系,使个人行为、思想、感情、信念、习惯与整个组织有机地统一起来,形成相对稳固的文化氛围,凝聚成一种合力与整体趋向。企业安全文化对企业员工的安全价值取向和安全行为方式有非常强的导向和支配作用,借助文化的力量增强企业的向心力、吸引力和凝聚力,调和各个方面的矛盾,激发组织成员的主观能动性,推动企业安全发展。企业文化是企业的灵魂;企业文化是企业长寿的"DNA"。这是杜邦公司给我们的最重要的启示。同理,企业安全文化是企业安全生产的灵魂;企业安全文化是企业安全发展的"DNA"。

二、"责任关怀"提升企业竞争力

纵观杜邦公司200多年的发展历史,其以"责任关怀"为核心价值观的企业文化是在两个方面提升企业核心竞争力:一是"硬件"技术创新;二是"软件"组织创新。企业的技术创新,主要是把基础研究和应用研究的技术成果物化为可以直接使用的新技术、新工艺和新材料。其核心在于技术要素与其他要素的重组,关注的不是技术的获取而是技术的应用,尤其是新技术的首次商业化应用。杜邦公司把"责任关怀"演化为"生产优质产品,开创美好生活"和"创造科学奇迹",推动技术创新成果不断涌现。20世纪材料革命的一些主要发明,很多都是由杜邦公司完成的,在今天已经商业化生产的40多种聚合物中,杜邦公司的发明就占其中大约75%。企业技术创新与核心竞争力之间存在着互动的关系,技术创新的主要目的是使企业在不断的市场竞争中获取优势,提高自身的核心竞争力;而核心竞争力的提高,又促使企业不断推陈出新,加快技术创新步伐,确保竞争优势。杜邦公司的技术创新基本都是自主式创新,即原始创新。杜邦公司依靠自身强大的技术研发能力和市场开拓能力,自主研究,自主开发,不断推出新技术或新材料,保持自己在市场上、技术上的优势和领先地位。"硬件"作用的充分发挥,需要"软件"的紧密配合。技术创新与组织创新在构筑企业的核心竞争力中具有不同的功能。技术的作用在于为企业组织提供实现其目标的潜在的可能性,为构筑核心竞争力打下基础,而组织的作用则在于采用适当的方式去具体地实现其潜在的可能性,形成真正的核心竞争力。杜邦公司的企业组织管理经历了三次大转变,即第一次转变:由家长式管理向现代企业管理的转变;第二次转变:由单一产品向多产品转变;第三次转变:由家族企业向现代巨型公司转变。组织创新为技术创新提供了保障,推动了技术创新的发展。

三、会员参与是安全文化建设的根本

企业文化的塑造没有现成的模式可照搬照抄,它需要经历建造、修正、完善等过程。杜邦公司的实践证明,企业家直接主导了企业文化的建设,因企业家精神和企业家形象是企业文化的反映,企业文化的传播离不开企业家的推动。创始人伊雷内·杜邦以其身先士卒的行动倡导"责任关怀"的企业价值观,建设"以人为本、安全至上"的企业文化,他竟然把自己的家建在工厂火药仓库旁,把自己"置之死地"。这样的管理者对员工提出任何要求都不过分,都会得到员工的坚定执行。榜样的力量是无穷的,行动就是无声的命令。企业文化要体现在企业的安全管理制度、企业的经营实践、员工的安全行为方式中,并借助于企业文化和企业安全文化构造一个良好的组织氛围和环境,增强员工的工作积极性、主动性和凝聚力,激发员工的士气、斗志和创造力,以文化的力量推动企业的进一步发展。企业员工的共同参与是企业文化建设的根本。要高度重视沟通在企业文化建设中的信息渠道作用。企业文化是一个动态系统,保持核心价值观在一定时期内稳定的同时要不断随内外环境的变化做出相应的调整。进入21世纪,杜邦公司宣布企业的全球定位,将从严格意义上的一家"化学公司"转变为更加综合的"科学公司",因此企业目标由"生产优质产品,开创美好生活"改变为"创造科学奇迹"。企业文化是以企业管理哲学和企业精神为核心,凝聚企业员工归属感、积极性和创造性的人本管理模式。杜邦安全文化发展阶段见图1-3。

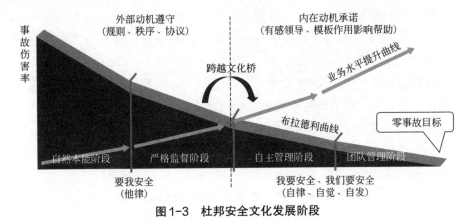

图1-3 杜邦安全文化发展阶段

企业文化建设应侧重在企业员工的思想观念、思维方式、行为规范、行为方式等方面。同时,不同的企业处于不同的内部与外部环境中,企业文化的特征也各不相同,并产生不同的行为规范以及思维方式和行为方式。因此,企业文化建设不能千篇一律,应该根据自己企业的特点、自己企业的经营环境,进行具体的设计定位,这样才能在万变的市场中立于不败之地,才能铸造百年之魂,才能打造长寿企业。

第四节 杜邦是如何理解安全的

一、安全永远是第一就是杜邦对安全的理解

杜邦安全管理被称为全球工业界的典范,甚至许多航空公司都在引进杜邦的管理系统。在杜邦公司,所有的安全目标都是零,这意味着零伤害、零职业病和零事故,进入杜邦公司的任何一个工厂,面对这个有着200多年历史的跨国企业,无论是员工,还是来访者、客户,谈论最多、感受最深的永远是安全。

杜邦公司的经营策略是除了要以负责的态度建立一个成功的企业外,更要创造一个安全健康的工作环境,做到自然环境生态平衡,照顾到后代的需要。因此,杜邦设定了一个零目标,务求实现工伤、职业病及环境事故为零的目标。

杜邦公司在中国的一个工厂总经理的年终总结中,20%多是关于安全的内容,而员工的日常交流中,40%多与安全有关,在安全方面的表现,是评价员工业绩的最重要方面。

在杜邦公司看来,一切事故都是可以避免的。公司对事故的理解是基于简单的统计分析:每100个疏忽或失误,会有一个造成事故,每100起事故中,就会有一起是恶性的,所以,要避免造成大事故,不是要从"大"处着手,而是要从"小"处着手。当然,光靠宣传还不行,要有培训,要有软件和硬件保证,还要有应急措施。

在杜邦公司有近乎苛刻的安全指南,从修一把锁、换一个灯泡,都有极其严格的程序和控制;在走廊上,没有紧急情况时不允许跑步;上楼梯必须扶扶手。

高层领导的以身作则以及公司严格的训练和要求,使每个人对安全几乎形成条件反射，这是避免事故的有效途径。因为安全一旦形成习惯，事故就变得非常遥远。

二、消除隐患是杜邦理解安全的具体体现

杜邦公司认为，工作场所从来都没有绝对的安全，决定伤害事故发生的是处于工作场所中员工的不安全行为。企业实际上并不能为员工提供一个绝对安全的场所，只能提供一个使员工安全工作的环境。美国学者认为，98%的事故是人祸；我国官方也承认，特别重大事故几乎100%是责任事故，都是人为事故。正因为事故大多是人的因素引起的，而人的行为是可以通过安全理念、意识、制度等加以约束和控制的，所以，人可以成为事故的起点，也可以成为事故的终点。只要抓好了人的管理，抓好了员工的意识，抓好了员工的思想，抓好了员工的行为，杜绝违章违纪，消除隐患，事故自然就可以避免了，事故的发生也必将极大地减少。

事故可以预防，也可以避免，关键在于人，在于每一个员工，在于每一个员工工作中的每一个细节。安全生产过程中的任何作业都存在着包括人、机、物、环境等方面的危险因素，如果未进行预知，不及时消除，就会酿成事故。因此，要从根本上防止事故的发生，就必须把安全生产中一切潜在的危险因素事先辨识出来，加以控制和解决。而研究和发现危险因素和隐患的过程，也就是通常所说的预防。

人们在安全事故发生之前，预先防范事故征兆、事故苗头，预先采取积极有效的防范措施。那么，事故苗头、事故征兆、事故本身就会被减少到最低限度，安全工作水平也就提高了。要做到事故预防，必须坚持"六要六不要"，见本书第八章第四节。

"安全是具有战略意义的商业价值。它是企业取得卓越业务表现的催化剂，不仅能提高企业生产率、收益率，而且有益于建立长久的品牌效应。"这是杜邦员工一直向世界诉说的"安全经"。

三、全员参与管理就是最有效的安全

杜邦公司的所有工厂都有全员参与的定期安全检查。杜邦新加坡工厂中心控制室的布告栏中有一份全年的安全检查计划表，上面规定了不同职位的人员进行安全检查的频率以及检查小组成员的组成，在经理检查时，都会安排一般员工一起检查，这样做的目的有两个：一是员工与经理一起进行安全检查可以让员工感觉到管理层在安全管理方面的"有感领导"；二是在检查过程中双方可以互补——经理对大局了解多，而操作工人对现场熟悉。与经理一起进行安全

检查的操作工人不是固定的,这样可以让更多的操作工人与经理一起从事安全管理活动。

杜邦公司安全管理的全员参与也体现在安全激励机制方面。杜邦有一个董事会安全奖,奖励包括实物和荣誉,但这个奖只针对团队不对个人。比如在休斯敦的 La Porte 厂区,只有厂区内四个工厂在一定时期内没有发生可记录的安全事故,才能得到这个奖项,奖励厂区的所有人。这就督促所有人员不但自己要遵守安全管理规定,而且会提醒自己周围的人员,不管是承包商还是来访者,去遵守安全管理规定。

杜邦公司对员工培训最多的项目也是安全方面的。新加入杜邦的员工,都必须承诺信守杜邦"安全是被雇佣的条件"的安全理念,保证每一个员工都知道所应该遵守的安全管理规定,所有参加安全培训的员工在培训结束后都有考核/考试记录,该记录作为人事部门考察员工业绩和提升的重要依据之一。在杜邦,不能遵守安全管理规定的员工,哪怕别的方面工作能力再强,也不能在杜邦工作下去。因为杜邦有一句名言:安全方面的事情是不能讨价还价的。这就是杜邦对安全的理解。

四、有感领导是对安全的最好诠释

有感领导,顾名思义就是有安全认知的领导,是指企业各级领导通过以身作则的良好个人安全行为,使员工真正感知到安全生产的重要性,感受到领导做好安全的示范性,感知到自身做好安全的必要性。所谓"有感领导",是指有安全感召力的领导,即要求各级领导通过员工可以"看到、听到、体验到"的方式展现自己对安全的承诺。具体包括承诺与保障、带头与示范、影响与感染等方面。

"有感领导"与其说是管理手段,不如说是一种安全管理理念。有感领导要求包括企业基层主管和最高管理者在内,无论是哪个级别的主管,都应该通过各种行为或者行动来体现自己的安全领导力,所表现出的影响力应该为员工所感知。管理者对安全的见解、行为和习惯,通过影响力体现在企业生产经营的任何地方、任何级别、任何时间。对员工操作行为的安全性起到了积极的促进作用。

1. 企业领导的安全职责

指各级领导通过带头履行 HSE(健康、安全与环境管理体系)职责,遵守 HSE 规定,以自己的言行展现对 HSE 工作的重视,让员工真正看到、听到和感受到领导在关心员工的安全,高标准践行安全,使员工真正感知到 HSE 工作的重要性,感受到领导做好 HSE 工作的示范性,感悟到自身做好 HSE 工作的必要性，进而影响和带动全体员工自觉执行HSE规章制度，形成良好的安全环保氛围。

"有感领导，直线责任，属地管理"其实并不是什么高、新、特的管理理念，它只是把目前大多数人都在实施的管理思想，进行了概括和浓缩，使得管理理念更精练、更简洁而已。"有感领导"，实际就是领导以身作则，把安全工作落到实处。无论在舆论上、建章立制上、监督检查管理上，还是人员、设备、设施的投入保障上，都落到实处。通过领导的言行，使下属听到领导讲安全，看到领导实实在在做安全、管安全，感觉到领导真正重视安全。

"有感领导"的核心作用在于示范和引导作用。各级领导要以身作则，率先垂范，制订并落实个人安全行动计划，坚持安全环保从小事做起，从细节做起，切实通过可视、可感、可悟的个人安全行为，引领全体员工做好安全环保工作。

2."直线责任"，就是"谁的工作，谁负责""是谁的责任，谁负责"

更具体说就是："谁是第一责任人，谁负责""谁主管，谁负责"；"谁安排工作，谁负责安全""谁组织工作，谁负责""谁操作，谁负责""谁检查监督，谁负责""谁设计编写，谁负责""谁审核，谁负责""谁批准，谁负责"。各司其职，各负其责。

在企业界，"直线责任者"通常是指直接介入生产该组织之产品或服务者。他们身处组织各阶层，在各阶层、各阶段做成决策，也为最后成果负责。这些人有研发人员、生产人员、业务人员等；幕僚人员则指不直接介入者，他们提供建议、咨询、支持或服务，以协助直线责任者达成目标。

"属地管理"，就是"谁的地盘，谁管理"。是谁的生产经营管理区域，谁就要对该区域内的生产安全进行管理。这实际是加重了甲方的生产安全管理责任，比如各油田的采油厂、各建设用地单位。无论是甲方、乙方，还是第三方，或者是其他相关方(包括上级检查人员、外单位参观考察人员、学习实习人员、周围可能进入本辖区的公众)，在安全生产方面都要受甲方的统一协调管理，当然其他各方应当接受和配合甲方的管理。施工方在自觉接受甲方的监督管理的基础上，各自做好各自的安全管理工作，比如各修井作业单位、钻井单位、建筑施工单位。

企业"属地管理"中的"属地"，是指甲方生产经营活动的管理区域。而政府"属地管理"中的"属地"，是指生产经营单位的注册地、生产经营活动的所在地(生产安全事故的发生地)。

3.有感领导的三层含义

有感领导的"三个力"见图1-4。

图1-4 有感领导的"三个力"

(1) 安全影响力 有感是部属的感觉不是领导者本人的感觉,是让员工和下属体会到领导对安全的重视。

(2) 安全示范力 自上而下,强有力的个人参与,各级管理者深入现场,以身作则,亲力亲为。

(3) 安全执行力 提供人力、物力和组织运作上的保障,让员工感受到各级管理者履行对安全责任做出的承诺。

第二章 所有事故都是可以防止的

　　杜邦公司十大安全理念之首是：所有事故都是可以防止的。这个理念坚定了一切事故皆可防的信念。一般来说，工业企业都是一个人造系统，是由人的双手、人的智慧、人的劳动创造出来的，它不是自然形成的。因此，只要是人创造出来的企业，它所发生的一切事故和故障以及隐患都是可以防止的。正是由于杜邦公司坚定这一安全理念，才使其在200多年的发展过程中立于不败之地。

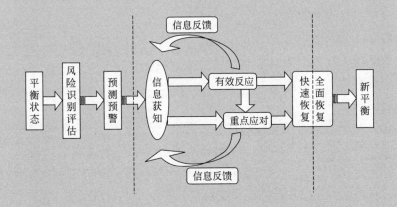

第一节 杜邦公司预防事故的基本做法

一、杜邦公司的安全之路

1802年杜邦公司成立之初,当时是一个拥有100人,总资产只有3.6万美元的火药作坊,但这个与危险相伴的企业却走过了200多年的持续发展之路。到了2012年,它已发展成为拥有70000人,年销售额420亿美元,成为世界500强之一的跨国大集团,在排行榜上名列第270位,是一个名副其实的百年企业。杜邦之所以能够取得这样辉煌的成就,与其在多年的安全管理中概括出的十大安全理念有着极为密切的关系,这十大安全理念是:

① 所有事故都是可以防止的;
② 各级管理层对各自的安全直接负责;
③ 所有安全操作隐患都是可以控制的;
④ 安全是被雇佣的必要条件;
⑤ 员工必须接受严格的安全培训;
⑥ 各级主管必须进行安全检查;
⑦ 发现事故隐患必须及时消除;
⑧ 工作外的安全同工作内的安全同等重要;
⑨ 良好的安全是创造良好的业绩;
⑩ 员工的直接参与是关键。

杜邦公司对安全生产的十大理念概括得非常透彻、深刻,把杜邦公司的安全管理经验分析得鞭辟入里,恰到好处。一种探求真经的心理驱使我们要认真研究"杜邦公司安全管理之经验"。我们首先查阅了李存茂、李九江两位编著的《战神鹰犬》一书对化工业巨头杜邦公司的解读,书中是这样总结的:"在工业界,'杜邦'与'安全'已是同义词,衡量安全技术标准时,均以杜邦为参照物。'9·11'后美国政府和众多大企业向杜邦提出安全咨询,包括建筑物的安全防护,日常的如逃生技巧在内的安全培训等"。在杜邦,管理者和员工是这样理解安全的:

① 安全具有显而易见的价值,而不仅仅是一个项目、制度或培训课程;
② 安全与企业的绩效息息相关;
③ 安全是习惯化、制度化的行为,影响企业的组织变革、感召力和员工。

在杜邦公司，安全体系由以下几个部分组成：

① 新员工的安全教育；

② 每月的安全会议；

③ 办公室安全规定（如上下楼梯必须扶扶手、在办公室不准奔跑、铅笔芯朝下插在笔筒内等）；

④ 会议介绍惯例，所有会议的第一个话题必须是安全；

⑤ 通过电子邮件、员工通信、其他刊物发布的安全常识；

⑥ 访问者登记制度。

杜邦公司宗旨是：从科学出发，所有事故都是可以防止的。我们再来看看杜邦公司的安全年表，他们走过的安全管理历程如下。

1802年，作为一家火药制造商，对安全文化和安全体系特别重视。

1812年，开始明确规定：进入厂区的马匹不得钉铁掌，马蹄都用棉布包裹着，以免铁钉碰到硬地面产生火花引起明火。

1911年，杜邦公司成立了世界上第一个企业安全委员会，至今都保存着安全操作记录。

1912年，杜邦公司开始安全统计和分析工作。

1913年，杜邦公司建立起"无事故纪录总统奖"，并逐步完善了将工伤、疾病和事故降为零的杜邦安全管理制度。

1940年提出"所有伤害都是可以预防的"安全管理理念。

1950年，杜邦公司开始进行非工作时间（下班后）的安全计划。

1990年，杜邦公司又设立了"安全、健康与环境保护杰出奖"，面向企业内部和整个社会，获奖的个人或团体均能得到5000美元奖励。

可以说，杜邦公司一直推动着安全理念、技术与制度的不断进步与创新。最令员工自豪的是：杜邦公司的安全纪录优于其他企业平均10倍；杜邦公司员工上班时比下班后还要安全10倍。杜邦公司的管理层有这样的共识：事故所造成的直接损失如医疗费用、赔偿和管理费用只相当于事故全部损失的冰山一角，隐性的费用如生产及产品品质损失、产量损失、劳资关系、法律诉讼、公众形象的损失、人员换班加班等造成的损失是直接损失的4~7倍。因此，杜邦人常说假如杜邦的安全水平仅达到美国工业安全的平均指数，那么杜邦每年要损失10亿美元。

在杜邦公司，管理者和员工是这样理解安全的：每个进入杜邦的员工最先接受的是安全培训，要严守十大安全理念。这十大安全理念是杜邦公司安全生产管理的精髓，也是我们对杜邦公司安全管理的必学之术。

二、事故预防的理论基础

1. 事故的特性

根据事故特性的研究和分析，我们可认识到事故有如下性质。

事故的因果性：工业事故的因果性是指事故是由相互联系的多种因素共同作用的结果，引起事故发生的原因是多方面的，在伤亡事故调查分析过程中，应弄清事故发生的因果关系，找到事故发生的主要原因，才能对症下药，有效防止事故的发生。

事故的随机性：事故的随机性是指事故发生的时间、地点、事故后果的严重性是偶然的。这说明事故的预防具有一定的难度。但是，事故的这种随机性在一定范围内也遵循统计规律。从事故的统计资料中可以找到事故发生的规律性。因而，事故统计分析对制定正确的预防措施具有重大的意义。

事故的潜伏性：表面上看事故是一种突发事件。但是事故发生之前有一段潜伏期。在事故发生前，人、机、料、法、环系统所处的状态是不稳定的，也就是说系统存在着事故隐患，具有危险性。如果这时有某一触发因素出现，就会导致事故的发生。在工业生产活动过程中，企业较长时间内未发生事故，致使员工产生了麻痹大意，就是忽视了事故的潜伏性，这是工业生产中的思想隐患，是必须予以克服的。如果掌握了事故的潜伏性这一理论，对有效预防事故会起到关键作用。

事故的可预防性：现代工业生产系统是一个人造系统，这种客观实际给预防事故提供了基本的前提。所以说，任何事故从理论和客观上讲，都是可以预防的。认识这一特性，对坚定预防事故的信念，防止事故的发生有促进作用。因此，人类应该通过各种科学合理的对策和措施，从根本上消除事故发生的隐患，把工业事故的发生降低到最小限度，甚至实现零事故的目标。

2. 前人预防事故的智慧

（1）荀子的预防策略。我国两千多年前的思想家荀子说："一曰防，二曰救，三曰戒。先其未然谓之防，发而止之之谓之救，行而责之谓之戒。防为上，救次之，戒为下。"我们上学时读这段话并没有多想，现在明白了，对付事故、保障安全，可以借助古老的中国文化、中国智慧。因为，荀子说了三种办法，第一种办法是在事情没有发生之前就预设警戒，防患于未然，这叫预防；第二种办法是在事情或者征兆刚出现就及时采取措施加以制止，防微杜渐，防止事态扩大，这叫补救；第三种办法是在事情发生后再行责罚教育，这叫惩戒。荀子列出了三种方法后认为，预防是上策，补救是中策，惩戒是下策。这是经过多重事物的磨炼而总结出来的宝贵经验，是古老的安全文化的萌芽。

（2）"曲突徙薪"的故事。在我国古代，有位客人去拜访一家主人，他见那家人的厨房里烟囱做得很直，一烧饭就直冒火星，而灶门旁边还堆了许多柴草。这个客人看到这种情况，就劝主人把烟囱改成弯曲的，把柴草搬得离灶远一些，这样不容易引起火灾。主人听了，却当作耳边风。不久，这家人果然失火了，幸亏邻居们赶来抢救，才把火扑灭。事后，主人设宴酬谢救火的邻居，凡是那些被烧得焦头烂额的人都请入上席坐，其他救火的人也都按照功劳大小排定座次。于是有人对主人说："如果你早听那个客人的话，就不用备办酒席，更不会发生这场火灾。今天你按功劳大小来请客酬谢大家，光把烧得焦头烂额的人当作上等客人，而那个劝你改造烟囱、搬走柴草的人却没有得到你的什么好处，这是什么缘故呢？"主人听后恍然大悟，赶紧把那个人请来，敬为上宾。这就是著名的"曲突徙薪"的故事。

"曲突徙薪"的故事告诉我们，安全管理就应该把功夫花在预防事故发生方面。那么，这又牵涉到对安全的认识，对事故该不该宿命式等待，就是该不该认命，该不该被动接受，消极等待？关键的问题是事故是不是能够预防？回答是肯定的，因为我们学习了杜邦公司的安全理念之一：任何事故都是可以预防的。而且杜邦公司的实践证明它是正确的。平时进行的企业安全教育培训，不愿讲那些谁也听不太懂的专业术语，但是在这里，笔者还是想谈谈有关安全生产的理论。安全管理的对象是风险，管理的结果要么是安全，要么是事故。我们说"安全生产规律"，确切地说，就是事故发生的规律，就是事故是怎么发生的。世间所有事情都有个前因后果，事故这个结果也是有原因的，原因就在于和事故相关的各个环节，就是说，事故是一系列事件发生的后果。这些事件是一系列的，一件接一件发生的，就是"一连串的事件"，或者说是"事故链"。因此，安全管理上就有了"事故链"原理。事故让人们看到了一个链：初始原因→间接原因→直接原因→事故→伤害。这是一个链条，传统、社会环境、人的不安全行为、物的不安全状态、人的失误、事故伤害像一张张多米诺骨牌，一旦第一张倒下，就会导致第二张、第三张直至依次倒下，最终导致事故发生，出现相应的损失。按照"事故链"原理的解释，事故是因为某些个环节在连续的时间内出现了缺陷，这些不止一个的缺陷构成了整个安全体系的失效，最终造成事故发生而酿成大祸。

（3）事故链的价值。任何人了解到"事故链"以后，都会得出结论：事故是可以预防的。只要这一系列和一连串事件中有一件不发生，事故就会戛然而止，不会发生。要想打破连锁反应，就要从中间抽取任意一张骨牌，形成豁口，就能避免后面的骨牌倒下。制止一连串事件中的任何一个事件的发生，而不仅仅是最后一个导致事故的行为，就能截断"事故链"，保障生产的安全。

用杜邦公司的话说："从科学出发，所有事故都是可以防止的。"杜邦公司是世界500强企业中历史最悠久的企业，已经有了200多年的高寿。杜邦公司CEO总结企业常青的核心原因，是永不动摇的4个承诺：安全；职业道德；环保与健康；对人的尊重。在企业界提起"杜邦"，人们就会想到"安全"；各大公司制定安全技术标准时，杜邦公司是最好的参照物，甚至许多航空公司都在引进杜邦公司的管理系统。美国"9·11"事件后，就连美国政府也在向杜邦公司咨询安全管理问题。足以说明杜邦"所有事故都是可以防止的"理念的科学性和重要性。

我们知道，杜邦公司是靠生产火药起家的。一开始，杜邦也是时有事故发生，之所以没有倒闭关门，是因为那时美国正处于大规模建设中，需要大量高质量的火药，而杜邦公司的产品正好满足了这个要求。但从这些事故中，杜邦公司的决策者们却认识到安全检查的重要性，他们在重视产品质量的同时，开始注重员工的安全问题。在20世纪40年代，该公司提出了"所有事故都是可以防止的"这一理念，而提出这一理念的基础，就是这个公司从1912年开始的安全数据的统计工作。大量的数理统计数据，所有的事故分析，都强有力地支持了这个结论。因此，杜邦公司把所有的安全目标都定为零，包括零伤害、零职业病和零事故。他们有严密的安全原则和必胜的安全信念，尽力斩断"事故链"的每一个环节，达到工作时比在家里还要安全10倍的理想境界。所以，最近的半个世纪以来，杜邦公司超过60%的工厂实现了"0"伤害率，杜邦公司在中国的几十家独资及合资企业和几个分公司均在安全生产方面全部实现了伤害率为"0"的目标。

杜邦公司的示范作用遍及世界上各个著名公司。他们不仅接受了"所有事故都是可以防止的"这一理论，而且在安全生产的实践中努力践行。例如近几年多次排在世界500强企业第一位的沃尔玛，每个商场人来人往，川流不息。但他们未雨绸缪，未火先防，在新店建设中消防安全总投入都超过500万元，硬件配置相当过硬。他们专门使用一种消防通道控制锁，这种锁易出难进，一有险情，只需轻轻一推锁把，就可以打开安全门跑出商场。他们的安全预防工作还走出了商场，面向供应商传播安全预防理念。2005年12月1日，沃尔玛ES部门进行了第一轮针对供应商的健康、安全、环保知识强化培训课程，用一个月的时间，培训在中国现有的5000多家供应商。可见其安全培训教育力度、规模是空前的。

"所有事故都是可以防止的。"这就是新安全观最重要的内容。有了这一理念，我们才能超越事后的、被动的、传统的"事故追究型"管理阶段，进入超前的、系统的"事故预防型"管理阶段。

三、安全生产背后的社会责任

1.安全生产社会责任

企业在投入期或者市场发生变化时，可能赔本经营，可能保本维持，可能一段时间内没有利润、不见效益，但是绝不能在一段时间内安全事故频发、安全事故不断。创造效益是经营常态，保证安全是社会责任。企业可以暂时偏离经营常态，但不能摆脱自己的社会责任。正因为有这个责无旁贷的责任，企业才叫作具备独立承担责任能力的法人，当然包括安全生产的社会责任。

企业的责任分为两类：一类是国家提倡的公益性质的，比如向灾区捐助，热衷于慈善事业，企业完全凭意愿和财力进行，参与不参与国家不强求，是企业的自主行为。另一类是法律法规要求必须做的，比如纳税、产品质量性能符合标准等。安全生产、环境保护、职业健康是国家强制实施的企业责任。就像一个人，你是不是行善积德，是不是学雷锋做好事，国家只是提倡而并不限制，但是不能做坏事，做了坏事可就对不起了，罚款、拘留、劳教、判刑。安全生产对企业来说就是守规矩，就是本分；生产中发生了安全事故，就是"犯事"，就是做坏事，就要受到法律的惩罚。

"事故链"理论的背后是"责任链"。我们在一步步逼近事实真相。安全意味着责任，一切事故背后都有责任，这就是安全生产的规律。

安全责任首先是企业的责任，但是，企业如何才能承担责任呢？企业要承担责任必须有自己的形式。我们说"企业法人代表是安全生产的第一责任人""管生产必须管安全"，并不意味着安全仅仅是总经理和生产副经理、厂长和生产副厂长的责任。企业作为独立承担责任能力的法人，在它的内部需要找到责任的实际承担者，这才叫落实责任。具体形式就体现在组织内部的岗位分工上，是代理、委托关系。企业和岗位职工作为委托人和被委托人分别承担法律责任，出了事故，企业管理者和岗位上的职工都逃脱不了干系。发生事故意味着责任缺失，一定是某个岗位没有尽到责任。因此，我们就有"谁主管，谁负责""安全生产，人人有责"这样的理念。笔者在《安全生产基础新编》一书中把安全生产实行行政首长负责制；管生产的必须管安全；谁主管，谁负责；安全生产，人人有责这四条归纳为"安全生产的四项基本原则"。由此，我们可以得出以下结论。

安全生产应该谁负责？企业首先应该负责。那么，企业里呢？无论什么职务、什么工种、什么岗位，只要承担具体的工作，就应该对安全生产工作负责。企业里有"我"的岗位，所以，企业安全我要负责！这就是现代新安全观的归宿，应该根植于管理者和全体员工脑海中的安全价值观。认识科学的安全价观，对我们企业安全工作的作用非常大。中国的企业管理界近几年普遍承认，优秀的管理者是要把自己变成领导者，变成下属的老师或教练。管理首先要做的就是要统一企业的价值观。企业安全生产管理也不例外，通过引导、建立、推广新的"安全价值观"，新的"安全理念"，影响企业的运作方式和员工的行为方式，就能达到企业安全本质化。

2. 如何落实社会安全责任

　　安全生产关系到国家财产和人民群众的生命安全，关系大到一个国家，小到一个单位、一个集体的改革发展和稳定大局。大家都知道化工安全生产的责任制是"安全生产，人人有责"。然而，扪心自问，是不是所有的人都能把"安全生产，人人有责"这一责任时刻在自己的耳畔"警钟长鸣"；是不是所有的人都能把企业的安全生产作为自己的责任，珍爱生命，保障企业、国家的财产不受损失。

　　生产中的每一个环节都危急到我们的生命安全，生态环境及国家的财产的安全。身边一次次血的教训无不与这些化工生产的特点有关，我们又怎能视而不见。面对社会与公众对这些事故的关注，那么我们怎样才能贯彻落实好"安全生产，人人有责"呢？

　　(1) 要加强宣传培训教育，全面提高全体员工的综合素质

　　培训教育是提高员工安全素质，杜绝"三违"的有效途径。要从安全生产方针的贯彻、安全法律法规的普及、安全管理制度和安全操作规程的掌握、安全防范技能和意识的提高等方面入手，全面提高员工的综合素质。不能只满足于会议传达、文件转发，也不能以偏概全、以点带面。必须以三级安全教育为基础，开展形式多样、生动活泼的宣传教育工作，使职工牢固树立"人的生命价值高于一切"和"安全生产只有起点，没有终点"的观念，形成人人讲安全，人人重视安全的良好氛围，杜绝"三违"行为，有效地减少事故的发生。

　　(2) 要加大事故隐患的查治工作，防范各类事故的发生

　　安全生产预防工作一定要经常化。要坚持预防为主的工作方针，做好安全事故的隐患排查工作，在发挥专门机构作用的同时，积极鼓励员工帮助查找、发现事故隐患。要认真落实安全生产检查工作。安全检查是落实责任、规范管理行为、发现事故隐患、促进隐患整改和减少"三违"的有效手段。通过制度化、规范化和专业化的安全检查和隐患整改，积极有效地消除生产现场存在的各类事故隐患，把事故消灭在萌芽状态，做到超前预防、超前控制。安全检查要切忌走马观花、敷衍了事和形式主义。必须严肃认真，要把检查与整改、检查与责任追究结合起来。在检查中积极开展调查研究，针对安全生产工作中的新特点、新问题，抓薄弱环节、抓要害岗位、抓危险场所、抓事故多发地点，提高检查质量及效果；要提高隐患整改的质量和效率，对查出的问题和隐患不迁

就，不护短，认真整改，及时处理，使各项检查和整改工作落到实处。

（3）认真学习安全知识

只有掌握了各项安全知识才能更有效地预防各类事故的发生，才能更好地针对化学危险物品的特点做好个人防护及预防措施，才能纠正自身在操作中习惯性的违章违纪，为粗心大意鸣笛，从而提高执行安全生产要求的自觉性，更好地履行职工的职责，更有力地推动企业稳定、有效进行安全生产。

（4）学习本岗位的业务知识，学精、学透，杜绝"一瓶不满，半瓶乱晃"的现象

业务不精，业务水平上不来是缺乏责任心的重要表现。因为在企业中，很多岗位的技术复杂，原料品种多，反应工艺流程长，要求的安全性极高，只有做到人人熟悉业务，个个精通业务，才能更好地做到安全生产。学习好业务知识是每个员工的重要职责。

（5）积极配合各级安全员的工作，参加各项安全活动

安全员组织的每次学习和活动都是针对本企业的实际情况和生产特点做出的实际实习活动，都是关系到员工利益的。因此每个员工都有责任积极配合安全员的工作，积极参加各项安全活动，从活动中，提高预防各类事故的能力，学习各类事故的应急救援演练，会使用防护用具逃生，会使用消防器具，懂得防、灭火等基本常识。

（6）认真执行各项规章制度、政策、法规，提高制度的执行力

落实制度是一个经济效益问题，更是一个严肃的组织纪律问题，它直接关系到企业的改革、发展、稳定的大局，直接关系到全体员工的根本利益，直接关系到企业各级组织、管理人员的形象。为了保证各项制度的落实，要进一步完善工作机制，制定科学、合理、规范、具有可操作性的制度，要强化领导干部的执行意识，对抓落实的具体负责人进行经常性的组织纪律教育，要对在制度上打折扣的管理人员进行责任追究，促进规章制度能够很好地贯彻落实。切实把不折不扣落实制度的理念贯穿到企业经济建设的方方面面。各级管理人员应提高认识，增强规章制度的执行意识，始终绷紧落实制度是关系到安全生产这根弦，牢固树立责任意识，提高自身素质和管理水平，做到每一项制度都能落实下去，把每一项工作做好做实，经得起时间和实践的考验，让规章制度撑起一个安全、稳定、高效的生产环境。每一条规章制度、政策、法规都是用血的教训谱写的，不容忽视，它同样是每一个员工的职责所在。随着《安全生产法》《职业病防治法》等各项法规及相关制度的不断完善，可行性和适用性的不断提高，从根本上维护了员工的自身利益和安全。因此只有严格遵守这些规章制度才能更有效地做好各项安全工作。

(7) 认真落实安全生产责任制,确保安全生产

要将责任制落实到基层,落实到班组,落实到每位员工,关键是靠各单位领导的重视程度,规章制度的科学性、合理性、可操作性。作为一级组织的主要领导,对制度的落实情况要负总责;在此基础上,各职能部门各司其职、分工协作,才能抓好落实。具体来讲,企业制定的每一项制度都必须明确制度的严肃性、实效性,必须认真贯彻落实各项检查制度,分析实际情况,找出防范重点,有计划、有针对性、有目的地开展各项检查。检查时要从严从细入手,深挖细查,不留死角,避免走马观花。以"宁可信其有,不可信其无"的原则,增强"安全生产、如履薄冰"意识,严查隐患,对于可查可不查的坚决要查,对查出的隐患与事故苗头要做到跟踪整改;对有严重的违章事件坚持上挂下联,上至主管领导,下至班组成员,一追到底,绝不迁就。只有这样,才能做到引以为戒、警钟长鸣。应增强员工的责任感和安全意识,突出"以人为本、安全第一"的安全工作主题。各级各类管理人员要有在其位、谋其政的敬业精神和责任心。只有职责明确了、责任明确了,制度落实就不是难题。落实规章制度,从根本上讲是为了保证生产经营活动顺利进行,保证安全生产,提高企业的经济效益,确保从业人员生命安全和身心健康,这就是我们抓制度落实所追求的目标,也是企业员工所盼望的。

随着工业技术的不断提高,各企业不断更新产品品种,无论是领导者,还是生产第一线的员工和技术人员都必须跟住时代的潮流,掌握更新的生产技术和安全知识,时刻树立危机感、紧迫感、使命感、责任感,为企业保平安、求发展。那么,就让每个人都坚定地担起这份责任,在安全这条路上警钟长鸣!总之,让"安全生产,人人有责"烙印在我们每个人的脑海里,时时刻刻牢记在我们心里,珍爱生命,为我们的家园勾勒健康、美好的蓝图。

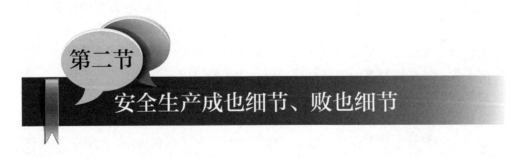

第二节 安全生产成也细节、败也细节

一、"海恩法则"是理论基础

细节的不等式意味着1%的错误导致100%的失败。许多企业的失败,往往是细节上没有尽力造成的。把任何细节都做到位,企业就不会存在问题。所谓

"细节决定成败"就是这个道理。

海恩法则：任何不安全事故都是可以预防的。海恩法则是德国飞机涡轮机的发明者帕布斯·海恩提出的一个在航空界关于飞行安全的法则。海恩法则指出：每一起严重事故的背后，必然有29次轻微事故、300起未遂事故及先兆和1000起事故隐患。该法则强调两点：一是事故的发生是量积累的结果；二是再好的技术，再完美的规章，在实际操作层面，也无法取代人自身的素质和责任心。海恩法则见图2-1。

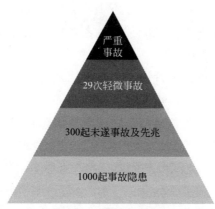

图2-1 海恩法则示意

"海恩法则"多被用于企业的生产管理，特别是安全生产管理中。"海恩法则"对企业来说是一种警示，它说明任何一起事故的发生都是有原因的，并且是有征兆的。它同时说明安全生产是可以控制的，安全事故是可以避免的。它也给了企业管理者对生产安全管理的一种方法，即发现并控制征兆。具体来说，利用"海恩法则"进行生产安全管理的主要步骤如下。

（1）任何生产过程都要进行程序化，这样使整个生产过程都可以进行考量，这是发现事故征兆的前提。

（2）对每一个程序都要划分相应的责任，可以找到相应的负责人，要让他们认识到安全生产的重要性，以及安全事故带来的巨大危害性。

（3）根据生产程序的可能性，列出每一个程序可能发生的事故，以及发生事故的先兆，培养员工对事故先兆的敏感性。

（4）在每一个程序上都要制定定期的检查制度，及早发现事故的征兆。

（5）在任何程序上一旦发现生产安全事故的隐患，就要及时报告，就要及时排除。

（6）在生产过程中，即使有一些小事故发生，可能是难以避免或者是经常发生的，也应引起足够的重视，要及时排除。当事人即使不能排除，也应该向安全负责人报告，以便找出这些小事故的隐患，及时排除，避免安全事故的发生。许多企业在对安全事故的认识和态度上普遍存在一个"误区"：只重视对事故本身进行总结，甚至会按照总结得出的结论"有针对性"地开展安全大检查，却往往忽视了对事故征兆和事故苗头进行排查。而那些未被发现的征兆与苗头，就成为下一次事故的隐患，长此以往，事故的发生就呈现出"连锁反应"。一些企业发生安全事故，甚至重特大事故接连发生，问题就出在对事故征兆和事故苗头的忽视上。

现在，"海恩法则"不仅用于生产管理中的安全事故发现与防治，而且被运用到企业的整个经营过程中，用来分析企业的经营问题。一个企业是否经营得好与它平时的表现还是有相当大的关系的，企业发生亏损甚至倒闭，都能够从企业的经营中发现这些征兆。人们总结出这些征兆主要表现在以下几个方面。

（1）战略管理上，企业是否进行了盲目的多元化。如果经常可以看到企业在与主业无关的领域内投资，说明企业有盲目的多元化的倾向，长久来说是会对企业造成危害的，企业经营者这时就应该考虑是否将资金投到自己不擅长的领域，是否应该收缩经营业务，把精力放在主营业务上。

（2）资本运营上，如果银行和企业关系出现破裂，说明企业的资金链紧绷，企业的赢利水平下降，或者业务过多，背上了过重的债务。

（3）集团内部管理上，是否存在太多的关联交易。企业进行关联交易或许有企业的难处，外人也可能不容易发现，但关联交易毫无疑问是通往产生财务黑洞的危险路径。

（4）人力资源管理上，如果员工士气低落，要么说明员工对公司前景担忧；要么说明企业工作环境出现了不利于员工工作的因素。这时要排除干扰因素，同时要做好员工的思想工作，让他们对公司充满热情。

海恩法则的启示：假如人们在安全事故发生之前，预先防范事故征兆、事故苗头，预先采取积极有效的防范措施，那么，事故苗头、事故征兆、事故本身就会被减少到最低限度，安全工作水平也就提高了。由此推断，要制服事故，重在防范，要保证安全，必须以预防为主，必须从小事做起，必须从细节做起。那么，怎样在安全工作中做到以预防为主呢？笔者在企业安全管理的长期实践中，在学习实践杜邦公司的安全理念中认识到，必须坚持做到"六要六不要"，见本书第八章第四节。

二、杜邦公司扎实的安全工作基本功

1.杜邦公司高层管理者的安全承诺

① 致力于使工人在工作和非工作期间获得最大限度的安全与健康；致力于使客户安全地销售和使用产品。

② 安全管理是公司事业的组成部分，是建立在这样基石上的信仰：所有的伤害和职业病都是可以预防的；任何人都有责任对自己和周围工友的安全负责，管理人员对其所辖机构的安全负责。

2. 杜邦公司的安全目标

杜邦公司针对自身的安全理念和要求，明确了如下安全目标：

① 零伤害和职业病；

② 零环境损害。

3. 杜邦的安全信仰

① 所有伤害和职业病都是可以预防的。

② 关心工人的安全与健康至关重要，必须优先于关心其他的各项目标。

③ 工人是公司的最重要财富，每个工人对公司做出的贡献都具有独特性和增值性。

④ 为了取得最佳的安全效果，对于所做出的安全承诺，在安全管理中管理层必须做出榜样。

⑤ 安全生产将提高企业的竞争地位，在社会公众和顾客中产生积极的影响。

⑥ 为了有效地消除和控制危害，应积极地采用先进技术和设计。

⑦ 工人并不想使自己受伤，因此能够进行自我管理，预防伤害。

⑧ 参与安全活动，有助于增加安全知识，提高安全意识，增强对危害的识别能力，对预防伤害和职业病有很大的帮助。

4. 杜邦公司的安全管理原则

① 安全视为所从事工作的一个组成部分。

② 确立安全和健康作为就业的一个必要条件，每个员工都必须对此条件负责。

③ 要求所有的员工都要对其自身的安全负责，同时也必须对其他员工的安全负责。

④ 认为管理者对伤害和职业病的预防负责，对工伤和职业病的后果负责。

⑤ 提供一个安全的工作环境。

⑥ 遵守一切职业安全卫生法规，并努力做到高于法规的要求。

⑦ 工人在非工作期间的安全与健康作为管理者关心的范畴。

⑧ 通过各种方式，充分利用安全知识来帮助客户和社会公众。

⑨ 使所有工人参与到职业安全卫生活动中，并使之成为产生和提高安全动机、安全知识和安全成绩水平的手段。

⑩ 要求每一个员工都有责任审查和改进其所在的系统、工艺过程。

5.明确安全具有压倒一切的优先理念

公司面临着一个复杂而又迫切的任务，那就是在事关竞争地位的各个方面（客户服务、质量、生产）要进行不断提高。但是，所有这一切如果不能安全地去做，就绝不可能做好。安全具有压倒一切的优先权。无论是生产还是效益，在任何情况下，繁忙的日程绝不能成为忽视安全的理由。

6.安全人人（层层）有责

每个工人都要对其自身的安全和周围工友的安全负责。每个厂长、车间主任及工段长对其所管辖员工的安全都负有直接责任。这种层层有责的责任制在整个机构中必须非常明确。领导一定要多花费一点时间到工作现场，到工人中间去询问、发现和解决安全问题。提倡互相监督、自我管理的同时，也必须做出组织安排，确保领导和工人在安全方面进行经常性接触。

7.杜邦不能容忍任何偏离安全制度和规范的行为

杜邦的任何一员都必须坚持杜邦公司的安全规范，遵守安全制度，这一点是不容让步的，这是在杜邦就业的一个基本条件。如果不这样去做，将受到纪律处罚，包括解雇，有时即使受伤也不例外。这是对管理者和工人的共同要求。

三、所有事故都是可以防止的

笔者长期从事企业安全管理工作，并参与过多起工伤事故的处理，对事故当事各方的难处有深切的体会。出了事故对伤亡者而言是夺去健康或生命，对伤亡者家庭是沉重的打击；对企业是很大的经济和声誉的损失；对相关责任人也是很大的精神压力和事业损失。但是让我们震惊的是很多责任人没有正确认识，在私下大多抱怨自己运气不好。由于大量的事件或者错误操作并未导致伤害或者财产损失事故，而且同一原因导致的事故后果差异很大，不少人认为安全事故完全是一些偶然因素引起的，因而是不可避免的，这种错误观念由来已久。这直接导致很多人在对待安全问题上存在侥幸心理，实际上就是在赌博——赌事故不会发生在自己身上，不会发生在自己班组，不会发生在自己的项目上。宿命论的另一种表现是认为自己的项目在安全上该投入的也投入了，该花的钱也花了，安全设施也算看得过去了，就是在整个工作过程中参与的人员多，管理关系复杂，流动性大，根本就防不胜防，该出的事故就照样出吧。所以在安全工作上采取消极态度，不是扎实工作，而是应付检查。出了事故认倒霉，绞尽脑汁，调动各种社会关系，把事故的影响控制在最小的范围内，把企业和项目以及有关责任人的损失控制在最小限度内。

由于没有从科学的角度深入认识事故发生的根本原因并采取积极预防措施，所以生产中的伤亡事故时有发生。但是理论和实践都证明，只要树立正确的安全观念，采取科学的安全管理措施，所有事故都是可以防止的。

从笔者自身的体会来看，所参与处理过的事故无一例外都是责任事故。有一起最让人意料不到的事故是这样的：公司的职工集资楼工程进入收尾阶段，做一楼地坪回填土的时候，一位拉土的农民工，五十多岁，突发疾病，摔倒在平地上，摔倒的时候前额碰在钢筋混凝土柱子的棱角上，倒地后前额出血，口吐白沫，马上送往医院抢救的时候已经死亡。后经家属证实该农民工有心脏病史。一起干活的工友也证实他几天来身体状况都不太好。相关机构将这起事故认定为在上班时间因病死亡，在待遇上照工伤处理。我们反思一下这起事故的发生，死者的工友和班组长有没有责任？项目的现场管理人员有没有责任？该农民工生了病没有得到应有关心和治疗，在生病的状况下还要撑着去挣自己的血汗钱。还有就是"进入施工场地必须戴安全帽"这条规定在该农民工的身上没有得到执行，如果戴了安全帽，他摔下时头与柱子相撞几乎不会有多大伤害，或许情况会好些。所以笔者认为，我们工作细致一点，对人的关爱多一点，这样的事故是可以避免的。

我们不要被事故的突发性吓倒，突变理论认为：事故的发生可以理解为系统内某些参数的连续变化引起系统状态的突然质变，系统自安全状态转化为事故状态实际上是一种突变现象。事故的发生可以看作是人的因素（安全意识、安全教育、管理水平、应变能力、身体素质等）和物的因素（工作的条件、机器的故障、自动化程度、保护装置等）共同作用的结果。我们只要把人和物这两方面因素都控制在正常的范围内就可避免事故的发生。目前美国的很多项目承包商都把"零事故"作为奋斗的目标，与此目标相对应的是一定能达到这个目标的坚定信念。公司应当为任何可能发生的事故做好准备，同时也要为杜绝任何事故的发生做好准备。我们现在有很多企业在和外企的合作过程中学到了很多安全工作的先进理念，其中第一条理念就是杜邦公司十大安全理念之首——所有事故都是可以防止的。

四、解读"所有事故都是可以防止的"的安全理念

安全生产事关人民群众生命财产安全，事关改革发展和稳定大局。做好安全生产工作，是企业生存发展的基本要求，是构建社会主义和谐社会的重要内容，是实施可持续发展战略的组成部分，是维护人民群众根本利益的具体体现。安全工作不是一般性的生产问题，而是一个重大的经济问题，更是一个严肃的政治问题。党中央、国务院一贯高度重视安全生产，科学发展，必须坚持以人为本，把人的生命放在第一位。经济发展必须建立在安全生产的基础上，绝不能以损害人民群众利益甚至牺牲职工生命为代价。搞好安全生产，是建设和谐

社会的迫切需要。安全生产关系到各行各业，关系到千家万户。加强安全生产工作，是维护人民群众根本利益的重要举措，是保持社会和谐稳定的重要环节。搞好安全生产工作，是各级政府的重要职责。我们必须树立正确的政绩观，抓经济发展是政绩，抓安全生产也是政绩。不搞好安全生产，就没有全面履行职责。各地区、各部门和企业，一定要以对人民群众高度负责的精神，努力做好安全生产工作。

1.安全生产依靠安全来保障

安全生产涉及企业的方方面面。员工的生命，依靠安全来保障。我们经常讲，领导干部要对上负责、对下负责，但归根结底要对员工负责。这种负责，首先要以保护员工的生命安全为宗旨，切实为员工创造安全的生产生活环境，千方百计保障员工的根本权益。国家的财产，依靠安全来保障。我们必须抓住安全不放，像保护个人财产一样保护国家财产，否则就是失职。企业的发展，依靠安全来保障。安全是企业发展的基础和前提，没有安定的环境，什么事情也办不成，已有的成果也会毁于一旦。工业生产企业，更离不开安全、和谐、稳定的环境。

对一个企业来说，没有安全，就没有企业今天的大好形势；没有安全，就不能巩固和发展这一大好形势。站在新的发展起点上，要进一步认识安全生产的极端重要性。搞好安全生产，是企业切实转入科学发展轨道、实现更好更快发展的必然要求，是打造本质安全型企业、建设责任企业的必然要求，是坚持以人为本、建设和谐企业的必然要求。杜邦公司"所有事故都是可以防止的"的安全理念提出，进一步明确企业坚持"安全第一，预防为主，综合治理"的方针的重要性，把安全生产工作放在先于一切、重于一切的位置。通过不懈的努力，实现除人力不可抗拒的自然灾害外，所有事故都是可以预防，任何安全隐患都可以控制和消除的管理目标。

可以这样理解："所有事故都是可以防止的"是从实现"中国梦"和科学发展的高度，认识和把握安全生产的基本任务，体现了企业始终把安全工作视为头等政治任务，把安全放在一切工作的首位，进一步增强安全责任感，落实科学安全观的一次重要的思想定位；是企业安全管理理念的一次拓展和升华，更是企业构建安全生产长效机制，实现本质安全的必然选择，凸现了以人为本，追求和谐发展环境的新型安全管理理念；表明了企业将以更大的决心，更有力的措施，构建安全生产大格局的基本内涵。这一理念的确立，对于统一思想，把握全局，做好安全生产工作具有十分重要的现实意义。如何将"所有事故都是可以防止的"的安全理念落到实处，将科学的安全理念转化为生产力，真正实现安全生产良性循环，是当前和今后工作中必须抓紧、抓好、落实到位的头等大事。这就要求企业系统各单位要认真贯彻全国安全生产工作会议及年度安全生产工作会议精神,按照"强本、创新、领先"的战略发展思路和"完善、规范、巩固、提高"的总体要求,把企业安全稳定运行视为其工作的生命线,把人身安全作为安全生产工作的重中之重,以高度负责的精神,从基础做起,从源头抓起,立足于预防,着力于提高,实现安全生产的良好局面。

2.预防事故必须责任到位

"所有事故都是可以防止的"的安全理念,要求管理责任要到位。安全是最大的政治、最大的效益、最大的福利,对于工业企业来说尤其如此。企业具有危险作业较多、施工条件艰苦、施工过程复杂等特点,在企业建立、实施质量环境职业健康安全管理体系,对于提高企业的安全管理水平,有着不可估量的作用。通过《安全生产法》的执法检查,我们确实看到,在安全生产领域之内,有法不依、执法不严、违法不纠的现象还较为普遍,员工安全意识比较淡薄。安全事故的发生,其成因可能是多方面的,但究其根本原因都与管理责任不到位有直接关系。管理责任到位,就是要分清责任、严肃追究领导责任、管理部门责任和岗位人员责任。

第一,领导干部的责任要到位。一个不重视安全工作的领导,就不是一个称职的领导。各单位行政"一把手"是安全工作的第一责任人,要对安全生产负总责、亲自抓;主管安全领导要对安全生产负主要责任、靠前抓;其他领导要对安全生产负分管责任、带头抓。

第二,管理部门的责任要到位。安全主管部门及其他负有安全职责的部门,要各负其责、密切配合,认真履行安全监管职能,加强指导、强化检查、查处违章、监督整改。

第三,岗位人员的责任要到位。岗位人员作为安全生产的直接责任人,必须做到持证上岗,按章操作,杜绝习惯性"三违"行为,这是对国家和企业负责,更是对自己和家庭的负责。让"所有事故都是可以防止的"安全理念,深入人心,要求企业系统上上下下,尤其是各单位各级安全第一责任者,充分认识安全管理工作的重要性和必要性,明确自己的责任,俯下身子,一步一个脚印,从转变安全理念和提升队伍素质出发,全面、全员、全过程、全方位强化安全管理,狠抓安全生产责任制的落实,扎扎实实地把安全管理工作提高到一个新的水平,为全面实现党和国家的安全生产战略目标提供根本上的保证。

3.预防事故必须制度到位

"所有事故都是可以防止的"安全理念,要求制度规程要到位。认真开展"安全质量标准化"活动,对现有的安全制度、规章、规程和标准,进行一次全面的清理、补充和完善,推进安全工作的制度化、规范化和科学化进程,提高安全生产管理水平。结合贯彻落实《安全生产法》，修订完善事故责任追究等管理规定，进一步落实安全生产责任制。扩大安全生产合同覆盖面，对所有员工、所有项目、所有施工队伍，都要逐人、逐项、逐个签订安全生产合同，依法规范企业、员工和承包人的权利和义务。结合安全生产需要，建立健全相关的安全操作规程，进一步强化现场标准化管理。其目的就是要通过规范管理规程，堵塞漏洞，杜绝"三违"，从根本上解决有章不循、循章不严的问题。

4. 预防事故必须措施到位

"所有事故都是可以防止的"的安全理念，要求防范措施要到位。我们讲"安全第一，预防为主，综合治理"强调的就是要通过提前做工作，从源头上防止事故的发生，做好安全防范工作。要进一步加大安全投入，完善安全设施和监测监控系统，抓住关键部位和薄弱环节，开展科技攻关和系统环节改造，实现科技兴安。在落实防范措施上，要坚决克服麻痹大意思想，绝不能想当然、怕麻烦、简单对待、应付了事。凡事必须要想在前、干在前、提早动手、未雨绸缪。只有这样，才能真正做到防微杜渐、防患于未然。同时，要突出抓好事故预案的编制、完善和演练工作。从全国发生的特大事故来看，之所以造成了极其严重的后果，不仅是由于事前防范不到位，而且事后也没有在第一时间得到妥善处置。因此，必须深刻吸取这些事故的教训，抓好事故预案的编制、完善和演练工作，切实增强应急反应和抢险救援能力。

5. 预防事故必须监督检查到位

"所有事故都是可以防止的"安全理念，要求监督检查要到位。监督检查是强化安全管理的重要手段。在推进这项工作中注意抓好两个方面：一要抓重点，重点抓。必须强化监督检查工作，监督检查不能一阵风，要常抓不懈，这是安全工作的特点决定的。不能否认，目前我们队伍中的确存在一些模糊认识和错误做法，主要表现在：形势好的时候，就盲目乐观，放松检查；一旦出了事，就忙手慌脚，突击检查。我们抓安全绝不能这样干，在任何时候、任何情况下，都要紧绷安全生产这根弦。二要抓反复，反复抓。一些安全问题，虽经多次检查整改，但总是反复出现。这就要求我们在安全问题上，要百做不厌地抓反复出现的问题，并持之以恒地反复去抓，直到抓出结果、抓出成效。

6. 预防事故必须隐患治理到位

"所有事故都是可以防止的"安全理念，要求隐患治理要到位。在隐患治理工作中，要抓住隐患的识别、评估、监控和整改落实等关键环节。一要严格落实安全首查责任制。检查人员首查之后，检查了哪些内容，发现了哪些问题，都要有书面记录，被检查单位要签字确认。对查出的隐患，检查人必须担负起督促落实、反馈情况的责任。对发生事故的，要追究检查人员的责任。二要严格落实隐患整改负责制。对每项需整改的隐患，都要落实到人，明确整改目标和期限，安全管理部门要进行督办，以保证整改实效。三要严格落实重大隐患备案制。对排查出的重大事故隐患，要逐一登记在案，组织有关专家进行分析论证，按照轻重缓急，提出具体治理方案，实行分级建档管理，以保证重大事故隐患得到有效治理。

安全生产既体现企业的形象，又体现企业的管理水平。除人力不可抗拒的自然灾害外，所有事故都可以预防，任何隐患都可以控制和消除的关键是要牢固树立"所有事故都是可以防止的"理念。安全管理的效果如何，取决于广大员工对安全的认知水平和对工作的认真态度。首先，以人为本，提高全员安全素质是安全管理的治本之策。最根本的手段就是强化安全教育培训，这也是搞好安全生产的基础和关键所在。因此，必须通过广泛的宣传教育，使安全生产的思想深入人心，唤起广大员工强烈的安全责任感，增强安全意识，这样，安全管理才有坚实的群众基础。其次，以人为本，营造良好的企业安全文化氛围是安全管理的核心所在。要营造人与企业互动相融、和谐发展的氛围，把"所有事故都是可以防止的"安全理念贯穿于生产的全过程，成为企业安全文化的特色，推动企业有序健康发展。再次，"安全第一、预防为主、综合治理"是安全管理的总方针。要进一步夯实安全基础，强化人员责任意识，增强责任感，突出安全质量标准化建设、安全专项整治、职工安全教育培训、安全工作执行力四个重点，从而使安全生产管理始终处于预控、可控和在控状态。

第三节　经济要发展　事故可预防

一、思想认识是一切工作的基础和前提

科学的安全认识论是形成正确的安全价值观，掌握科学的安全方法论，做好安全生产各项工作和建立安全生产长效机制的前提条件。当前，我国安全生产形势严峻，各类事故频繁发生，除客观因素外，相当一部分企业和部门负责人，乃至安全管理人员，没有科学的安全认识论和正确的安全价值观，是导致事故多发的主要原因之一。特别是现在有一种观点认为："经济要快速发展，事

故就难以避免。"其实这种观点在理论和实践中是根本站不住脚的,因为事故是可以预防的。这在杜邦公司和我国诸多企业的安全生产实践中均已得到了证明。

事故的能量转换理论认为,事故是能量或危险物质的意外释放,一起事故的发生是危险源(能量源)与引发因素共同作用的结果。事故引起的人体伤害可解释为能量的转换而造成的机体破坏。机械能的转换可造成外伤,热能、电能、化学能或辐射能可造成烧伤或其他伤害。存在超过一定数量(临界量)的能量或危险物质,是事故发生的前提条件。这里意外释放能量超过一定数量(临界量),意味着超过了人体(或结构、设备、设施)的抵抗力或抗干扰的能力,从而会导致人体伤害、财产损失或环境破坏。

在20世纪30年代,美国安全工程师海因里希首先提出了事故因果连锁论,用以阐明导致伤亡事故的各种原因及与事故间的关系。该理论认为,伤亡事故的发生不是一个孤立的事件,尽管伤害可能在某瞬间突然发生,却是一系列事件相继发生的结果。

1. 海因里希法则

海因里希把工业伤害事故的发生、发展过程描述为具有一定因果关系的事件的连锁发生过程:

(1)人员伤亡的发生是事故的结果。

(2)事故是由人的不安全行为和物的不安全状态引发的。

(3)人的不安全行为或物的不安全状态是由人的缺点造成的。

(4)人的缺点是由不良环境诱发的,或者是由先天的遗传因素造成的。

在该理论中,海因里希借助于多米诺骨牌形象地描述了事故的因果连锁关系,即事故是一连串事件按一定顺序互为因果依次发生的结果。如一块骨牌倒下,则将发生连锁反应,使后面的骨牌依次倒下。

2. 海因里希法则的模型

海因里希模型这5块骨牌依次是:

(1)遗传及社会环境(M) 遗传及社会环境是造成人缺点的原因。遗传因素可能使人具有鲁莽、固执、粗心等不良性格;社会环境可能妨碍教育,助长不良性格的发展。这是事故因果链上最基本的因素。

(2)人的缺点(P) 人的缺点是由遗传和社会环境因素所造成,是使人产生不安全行为或使物产生不安全状态的主要原因。这些缺点既包括各类不良性格,也包括缺乏安全生产知识和技能等后天的不足。

(3)人的不安全行为和物的不安全状态(H) 所谓人的不安全行为和物的不安全状态是指那些曾经引起过事故,或可能引起事故的人的行为和机械、物质的状态，它们是造成事故的直接原因。例如，在起重机的吊荷下停留、不发信号就启动机器、工作时间打闹或拆除安全防护装置等都属于人的不安全行为；没有防护的传动齿轮、裸露的带电体或照明不良等属于物的不安全状态。

（4）事故（D） 即由物体、物质或放射线等对人体发生作用受到伤害的、出乎意料的、失去控制的事件。例如，坠落、物体打击等使人员受到伤害的事件是典型的事故。

（5）伤害（A） 直接由于事故而产生的人身伤害。人们用多米诺骨牌来形象地描述这种事故因果连锁关系，得到图2-2中那样的多米诺骨牌系列。在多米诺骨牌系列中，一张骨牌被碰倒了，则将发生连锁反应，其余的几张骨牌相继被碰倒。如果移去连锁中的一张骨牌，则连锁被破坏，事故过程被中止。海因里希认为，企业安全工作的中心就是防止人的不安全行为，消除机械的或物质的不安全状态，中断事故连锁的进程而避免事故的发生。

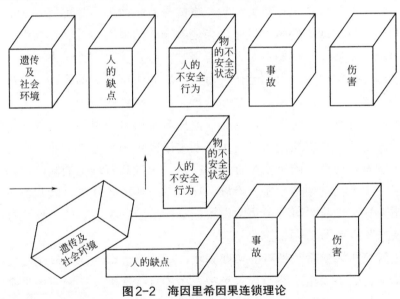

图2-2 海因里希因果连锁理论

3．对海因里希法则的评价

该理论的积极意义在于如果移去因果连锁中的任一张骨牌，则连锁被破坏，事故过程即被中止，达到控制事故的目的。海因里希还强调指出，企业安全工作的中心就是要移去中间的骨牌，即防止人的不安全行为和物的不安全状态，从而中断事故的进程，避免伤害的发生。当然，通过改善社会环境，使人具有更为良好的安全意识，加强培训，使人具有较好的安全技能，或者加强应急抢救措施，也都能在不同程度上移去事故连锁中的某一张骨牌从而增加其稳定性，使事故得到预防和控制。

当然，海因里希理论也有明显的不足，它对事故致因连锁关系描述过于简单化、绝对化，也过多地考虑了人的因素。但尽管如此，其形象化和在事故致因研究中的先导作用，使其有着重要的历史地位。

海因里希的工业安全理论是这一时期的代表性理论。海因里希认为，人的不安全行为、物的不安全状态是事故的直接原因，企业事故预防工作的中心就是消除人的不安全行为和物的不安全状态。海因里希的研究说明，大多数的工业伤害事故都是由工人的不安全行为引起的。即使一些工业伤害事故是由物的不安全状态引起的，但物的不安全状态的产生也是由工人的缺点、错误造成的。因而，海因里希理论把工业事故的责任归因于工人。从这种认识出发，海因里希进一步追究事故发生的根本原因，认为人的缺点来源于遗传因素和人员成长的社会环境。

该法则表明：尽管事故发生是小概率事件，一起事故伤害程度的大小受偶然因素支配，但从数理统计数据分析，事故是有规律的，是可以预防的。如果同类轻微伤害事故或事件多次发生，当达到一定的概率后，必然发生重大伤害事故。因此，如果要防止发生重大伤害事故，必须从防止无伤害事件和轻微伤害事故做起。换句话说，引发无伤害事件或轻微伤害事故的原因，同样可造成严重伤害事故。为了预防事故，必须分析无伤害事件的原因，在发生重大伤害事故之前，采取预防对策措施，消除或监控产生伤害的根源。事故的根源是存在危险的能量或危险物质，事故发生的基本原因可归纳为人的不安全行为、物的不安全状态。这里人的不安全行为包括人的失误和管理上的缺陷，物的不安全状态包括生产活动中的设备、设施、场所以及环境条件的危险状态等。在我国有关国家标准中将"可导致事故发生的物的危险状态，人的不安全行为及管理上的缺陷"定义为事故隐患。

理论研究和大量事故调查的实践表明，事故隐患即人的不安全行为、管理上的缺陷、物的不安全状态是导致事故发生的直接原因。按照海因里希法则推论，事故与隐患和危险源的关系可用多米诺骨牌图来表示。由此可见，只要加强对危险源的辨识和安全监控，加强对人的安全教育培训，提高安全意识和安全操作技能，加强安全管理，不出现隐患或少出现隐患，发现隐患立即治理，做到"横向到边，纵向到底，不留死角，不留盲区"，事故是完全可以预防的。

现在，随着生产和社会经济的快速发展，危险设备、设施、场所的不断增加，人们的生产活动和生活节奏的加快，隐患也在逐渐增加。但只要采取科学的安全认识论和科学的安全方法论，采取正确的安全防范措施，有效地监控危险源，防止出现隐患，事故是完全可以预防的。这一点，在杜邦公司和在一些发达国家的安全实践中已经得到充分证明。

二、生产安全事故完全是可控可防的

2020年全国发生3.8万余起生产安全事故,死亡2.74万余人。生产安全问题依然严峻,每年安全事故造成的损失超过2000多亿元,占我国GDP总量的近2%。尽管安全生产形势严峻,但生产安全归属技术系统,技术系统都是人为的,如井喷、矿难等,都是人祸而非天灾。主要是设备缺陷、作业条件简陋、违规违章操作、安全投入不足等人为原因酿成的恶果。安全事故本质上都是技术风险,可以采取各种措施预防和避免。从形式上说,有三大对策:首先是工程技术对策,即通过增加安全投入来实现本质安全;其次是教育对策,特殊岗位的员工要进行安全教育,让他们意识到职责是什么,进而在行为规范上约束自己;最后是管理对策,一方面政府要进行强制监管,另一方面企业自身要建立一套行之有效的防控制度。从时间上说,安全对策有事先预防、事中应急和事后惩戒三种。事先预防最重要;灾难一旦发生,就要求有应急措施;最后是事后惩戒,惩戒也是为了预防。荀况曾说:"防为上,救次之,戒为下。"预防是上策,隐患如能杜绝,就不会发生严重事故。如能消除这些隐患,就可避免这些严重事故。

一般来说,应急预案一是要有应急计划;二是要明确应急组织系统的建设,事先要有周密的组织,包括现场如何处理、人员如何疏散等;三是要有资源与技术保障,如消防用具、防毒面具等;四是要有良好的外界通信,以便保证发生事故时能及时与外界沟通,组织救援。目前的最大问题是有案不预。应急预案应该让有关方面进行有效演习。这样,灾难一旦发生,预案才能真正发挥作用。而现在的预案多是书面设想,基本没有实际操练,起不到应有的作用。逃生的技能,如对安全通道的识别,会使用消防灭火器,懂得发生中毒事故后的人工呼吸等,也是安全管理的一方面,必须加强对员工的安全防范教育。成本代价是肯定的。但安全也是一种生产力。这种投入是有效益的,体现在:首先事故发生率降低,损失减少。从安全经济学角度看,"事故预防的投入产出比"要高于"事后惩戒的投入产出比"。其次这种投入增值作用明显,能提高作业人员的工作效率。就像一部汽车有车灯、气囊、安全带等设施,行车将更加平稳、速度将更快一样,安全生产力的贡献率一般在2.5%,高危行业如煤矿等可高达7%左右。现在的很多安全事故都是思想方面不重视造成的。很多矿工包括经营管理者对安全投入等问题认识不足,甚至有人认为"死得起伤不起,预防成本高,死亡成本低"。这些都说明,管理者还没有正确认识到人生命的价值。目前在很多地方,往往是安全检查过后,什么都没了,安全意识上没有提升就很麻烦。安全生产的灵魂是安全文化,而安全文化的核心是人的安全素质,尤其是经营管理者的安全素质，因为他们起着相当关键的作用。

三、事故可以预防，安全生产必讲

1.加大事故预防的宣传力度

对于安全生产工作，我们认为"事故是可以预防的，安全生产是有规律可循的，及时总结经验教训，不仅有利于今后的工作，而且有利于安全生产长效机制的建立与完善"。

安全生产宣传教育工作非常重要，特别是安全生产常识的普及离不开大众传媒。舆论往往代表民众的心声。安全生产工作不是不需要宣传，而是需要有效宣传，需要大力宣传安全生产知识、技术，但宣传要讲究节奏、讲究技巧。我们认为，多宣传"预防为主"，总比报道血淋淋的事故现场要好。我们的宣传要达到教化的效果，要以提高干部群众的安全生产意识为目的，同时也要注意不要集中报道安全生产工作取得的成绩，那样容易让人麻痹，对安全生产工作产生不利影响。

有些地方安全生产工作做出了成绩，但他们害怕宣传，有着"安全生产只能做不能说"的心态。这种现象并不奇怪，事故的发生是由多种因素引发的，客观地说，有些事故的发生带有一定的偶然性。但安全生产工作规律表明，事故是可以预防的。我们认为，安全是一种理念、一种文化，也是一种环境，更是一种责任，是责任就可以落实、必须落实。归根结底，安全是一种理念。人民幸福的首要因素是安全和健康，而不仅仅只是收入的高低，我们常说不要带血的GDP，不要带血的煤炭，把生命安全摆在了经济指标的前面，这就是我们党和政府提出的"安全发展"理念。我们绝不能因为追求经济发展速度，而放松对安全生产的要求。我们要有"抓安全生产就是为人民服务"的观念，"抓安全生产就是拯救人的生命"的理念。安全生产的关键在投入，特别是科技投入要到位。这个问题的实质就是要为安全生产创造条件。像煤矿安全生产，如果没有一定的安全设施和设备，天天教育矿工注意安全也不行，井下的瓦斯、水、火、顶板等灾害都需要设备、仪器来预防和监测。如果没有安全的开采条件，别说文化程度不高的矿工，就是专家下去也无法保证自身安全。可见，安全投入对安全生产具有举足轻重的作用。

笔者曾经参观过神华集团的煤矿，全部是机械化开采，井下用人很少，有的员工甚至工作多年都没下过矿井。而有的地方的小煤矿因为地质条件复杂、自然开采条件差，无法实现机械化开采，过去因陋就简地开采已经无法适应"安全发展"的要求。所以，近几年加大了煤矿安全生产投入的力度，实现对所有安全生产许可证已延期的煤矿进行安全监控。只要打开电脑，应急管理局局长坐在办公室就能够随时调出任何一家联网煤矿的安全生产实况,下井人数、矿长带班情况,以及瓦斯、一氧化碳浓度等指标都可实时查看。这些年来全国安全投入很大,不仅政府要投入,企业更要投入。如果企业因为安全投入不到位而发生事故或存在隐患,不仅要严肃追究相关责任人的责任,而且要依法加大惩罚力度,甚至停产、关闭企业。这样做的目的就是为了杜绝一些企业"有钱买棺材,没钱买药材"的现象。经济是基础,安全是根本,应该说经济发展方式直接影响安全生产工作。通过多年的艰难探索和经验总结,现在安全生产呈现稳定好转态势。今后要做的工作是通过转变经济发展方式、调整经济结构,进一步促进全社会的"安全发展"。

2.探索安全生产的规律

安全生产的规律是在实践中探索、认识并加以应用,安全生产要突出运作,并且要有效运作。在具体实施过程中要做到"三严",即各项工作要严格要求,各类事故要严肃查处,各类违法要严厉追究。要加强安全生产基础性工作,抓好基层基础建设,依靠科技进步防范和减少事故发生。同时要加大安全生产投入,督促企业改善安全生产条件,落实事故隐患整改,有效防范各类事故的发生。

中央提出的两个"主体责任",政府的监管主体责任要落实到位,企业的管理主体责任要落实到位。党委、政府的主要领导要有安全意识,要真正担起"安全生产第一责任人"的责任。如果主要领导不到位,其他领导也很难到位。

几年来的安全生产实践证明,实行各级行政"一把手"安全生产履职报告制度,将责任控制目标落实情况、安全生产工作重大问题及时通报各有关部门行政"一把手";追究"一把手"责任,对发生的各类重特大生产安全事故,严肃追究有关当事人、行政和企业"一把手"的责任。这是安全生产执行行政首长负责制的具体体现。

从地方到中央,人们都在关注安全生产工作;从中央到地方,各级政府都在努力做好安全生产工作。但由于受经济基础的影响,一些地方存在安全生产基础差、安全投入欠账多、安全技术人才缺乏等客观问题,甚至有一些企业存在追求经济效益而忽视安全生产的观念问题。这些问题必须引起各级领导的高度重视。如果没有"安全发展"理念,安全生产工作就抓不好。其实,要抓好安全生产工作并不难,社会在向前进步,经济在快速发展,我们只要工作到位,安全生产的成效就会显现。

3.安全工作永无止境

社会有生产就有安全问题,安全生产工作只有起点,没有终点,永无止境。当前我们一些地方生产力水平还很低,设备还很差,基层基础工作还不够扎实,有的责任还落实不到位，事故导致的人员死伤还时有发生，安全生产工作时刻不能懈怠。安全是社会行为，安全是社会责任。政府要组织监管到位，企业要管理落实到岗，员工要自觉维护安全，全社会有序和谐的安全生产文化氛围的营造将伴随社会文明进步而进步。通过解析"所有事故都是可以防止的"这一理念，我们体会到杜邦公司长盛不衰的秘诀就在这里。牢固树立的这种理念驱使他们为此而不懈努力，因而取得举世瞩目的安全伟业。

第三章 各级管理层对各自的安全直接负责

杜邦公司十大安全理念之二：各级管理层对各自的安全直接负责。我们经常说：安全生产，人人有责。在一个企业各个阶层都对自己工作范围的安全负责，那么这个企业的安全工作就处于有序的控制中。因此，杜邦公司的这一安全理念也是"安全生产，人人有责"的最好诠释。事实上，我们从事的任何工作都存在一个安全问题，各级管理层对各自的安全负责，我们的工作就是安全的。因此，杜邦公司的这一安全理念是非常重要且实用的。

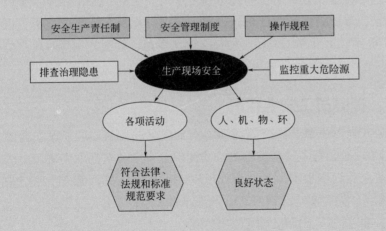

第一节 安全生产负责的内涵

在杜邦的安全管理体系中充分体现了"谁主管、谁负责"的原则。杜邦公司的专职安全人员大多是从各个领域提拔出来的具有实际生产经验和管理经验的优秀管理人员，负责宏观安全管理的组织、策划、评估和技术支持等工作。安全部门不是许多企业所说的警察角色，而是具有咨询、支持、评估职能。在杜邦全球所有机构，均有独立的安全管理部门及专业管理人员。这些专业人员与渗透在各部门的、经过严格培训的合格安全协调员，共同组成完整的安全管理网络，保证各类信息和管理功能畅通地延伸并到达各个环节，他们是人才库中优先提拔重用的对象。同时，杜邦特有的安全经验分享坚持了上百年，建立了完善的安全管理方案及操作规程，全体员工均参与危险因素的识别和消除工作，保证将隐患消灭在萌芽状态。在与杜邦公司各个层面的安全管理人员的交流过程中，深切感受到这些员工在杜邦公司这个重视安全的企业工作多年来所表现出的工作热情，强烈的责任心，充满自尊、自信与自豪。杜邦公司员工很少有辞职的，30~40年以上杜邦工作经历的员工比比皆是。针对我国现阶段企业的安全管理工作，笔者认为必须做好以下几点。

一、加强管理，提高员工安全意识

安全意识就是人脑对生活、生产等活动中安全观念的反映。人要有安全的意识，才会有安全的行为；有了安全的行为，才能保证安全。对企业来讲，员工是否具有强烈的安全意识则显得尤为重要。所以，提高企业员工的安全意识是安全管理的重要内容。提高安全意识应从以下几方面入手。

1. 视安全为需要，提高员工自我安全意识

因人的知识水平、实际经验、社会地位等方面不同，按美国心理学家马斯洛(A. H. Maslow)提出的需要层次结构论，把人的需要从低向高分为生理、安全、社交、尊重、自我实现5个层次。其中，安全则被列为基本的需要，是人对高级物质的需要和精神需要的基础，是人的行为活动的原动力。

2. 学习规程和安全技术，增加安全理性意识

学习规程和安全技术是提高安全知识水平最直接、最有效的方法。企业员

工应学习的规程包括"安全作业标准""安全操作规程"及各种现场规程,还要不断地了解、熟悉企业安全生产的管理规章、制度、技术要求。各企业、车间、班组要认真地定期开展规程学习,实行考试制度,才能实现安全意识由量到质的飞跃。只有通过学习、积累、提高安全知识,安全意识活动的积极能动性才会被释放、激发。而且通过学习过程中的感觉、知觉,使表象不断上升为概念、判断、推理,并运用逻辑的、理智化的思维活动,将安全意识形成系统化、体系化、高度自觉化的理论体系和思想,这就是安全的理性意识。安全理性意识的形成不仅能使职工适应安全生产的需要,还能反映安全生产的本质特征和规律,能超前反映安全生产的未来发展趋势。这种理性意识能积极有效地指导人们的行为活动方向,为避免事故和差错奠定良好的心理预控思想。

3. 认真开展安全活动,不断强化安全意识

"安全活动"是在安全生产的长期实践中得出的预防事故的有效措施,是班组安全管理的重要内容,它为班组成员提供了安全思想、信息、技术、措施的交流场所。也就是说,认真开展"安全活动"是提高安全意识的重要方法之一。安全活动的最重要一点就是语言、思想的交流,所以要求参加者发言,说出自己内心的认识、感知和印象是安全活动的重要内容。在安全活动中,通过大家的语言、思想交流、推理和判断把个人心理的感性认识最终转变为提高安全意识的推动力。安全活动需要认真组织、合理安排,不能流于形式、降低质量。要定期开展,形成制度,使参加者的安全意识通过安全活动不断得到巩固、强化。安全活动要结合实际并有针对性。如对事故的处理,应做到"举一反三",从事故中吸取经验教训,用科学的方法防范类似事故的发生。这样才能开启每个人安全意识中的预见性和反思性,使安全意识的深度、广度得到发展,让安全意识的积极能动性得以发挥。

4. "班前会"不容忽视,潜意识能为安全行为护航

"班前会"是安全管理中的一项有效措施。对提高员工安全意识来讲,"班前会"开得好还能产生"定势现象"。如在某一项检修工作前认真开好"班前会",对工作任务、内容、安全注意事项、分工安排做细致、合理、科学严谨的交代,那么此项工作一定能安全、顺利地完成。这是一种未被员工自觉意识到的意识活动,也就是潜意识。这种潜意识所发出的能量不容忽视,它能为安全行为保驾护航。经常地运用和开发潜意识会使其向显意识转化。

5. 严肃考核习惯性违章,消除安全经验意识

辩证唯物主义认为:经验意识是人类意识的特殊结构,它由以往的生活经验、日常常识和朴素的感性知识构成,很显然,安全意识中也包括这种经验意识。而且正是经验意识使习惯性违章屡禁不止。只有通过严肃考核习惯性违章

和不断学习才能消除它的影响。另外,严肃考核习惯性违章也将逐步形成一种"人人讲安全,人人管安全"的良好安全氛围。从员工对安全管理的态度来分析,其过程为服从→同化→内化3个阶段。服从,即指个人为避免惩罚而按照要求、规范采取的表面行为。新工人对规程、管理制度刚开始的执行只是表面服从,然后才会受班组中其他人的思想行为的同化,最终从内心深处接受安全规章和制度。严肃的奖罚会深刻影响一个人对安全的态度和意识。

二、落实责任,全面实行安全生产责任制

从杜邦的安全生产经验来看,落实责任,全面实行安全生产责任制,主要体现在如下八个方面,这八个方面也要和我国的实际情况紧密结合,在这里列出来供读者研究和实践。

1. 建立安全规章制度

没有规矩,不成方圆。企业如果没有制度,就缺少企业文化,企业就没有品位,也没有发展后劲。《安全生产法》对企业的安全生产责任进行了明确规定,企业作为具体的落实者,必须结合本企业实际,制定和完善企业内部各级负责人、管理职能部门及其工作人员和各生产岗位员工的安全生产责任制,明确全体员工在安全生产中的责任,在企业内形成"安全生产,人人有责"的管理制度体系。

2. 制定并签订安全生产目标管理责任书

为确保安全生产,企业要制定内部安全生产管理的总体目标,并将目标进行层层分解,落实到企业的每一级职能部门。企业的主要负责人要分别与所属各部门的主要领导签订安全生产目标管理责任承诺书。各部门也要按照这一模式,将部门安全生产目标分解到每个岗位和员工。通过层层签订安全生产目标管理责任承诺书,在企业内形成一个自上而下分解到人,自下而上逐级落实安全生产责任承诺的保证体系,确保企业安全生产目标管理工作的进一步深化、细化。

3. 制定岗位安全操作规程

岗位安全操作规程是岗位操作人员应该遵守的确保安全的工作标准,不认真遵守,就可能引发事故。有些企业的操作规程只停留在纸面上或墙上,没有对员工进行认真的教育,这就没有达到基本的工作要求。所以,安全教育工作极其重要,一定要让员工牢牢掌握和熟练运用安全生产操作规程,知道自己的岗位什么情况下可能出现什么危险,什么可以做,什么不可以做。另外,也要制止管理人员瞎指挥,避免诱发工人的误操作行为。

4. 制定安全检查考核办法

安全检查是落实安全责任、搞好安全生产的重要手段。安全检查必须有具体内容,有明确目的,并有检查记录,发现问题必须要有整改措施并有验收记

录，同时，要根据责任书及安全检查的内容，制定出详尽的考核办法、细则等，如量化考核打分、兑现奖惩措施等要规定清楚，这样，考核时有依据。

5. 做好教育培训工作

加强安全生产教育培训，是企业安全生产工作的基础工程，也是提高企业落实安全责任能力的有效手段。企业必须长期坚持不懈抓好安全生产教育培训工作，努力为本企业培养熟悉安全知识、掌握安全技术、能够管理安全生产的人才，促进安全生产责任主体的落实。只有这样，才能将"安全第一，预防为主，综合治理"的安全生产管理方针、政策真正落到实处。

6. 做好安全文化建设工作

安全生产的灵魂是安全文化，而安全文化的核心是人的安全素养。人的安全素养的提高不是一朝一夕的事，而是一个长期培养、逐渐形成的过程。企业要落实安全生产责任，必须提高员工的安全素养，增强员工的主人翁意识，只有当每一个员工都能自觉主动地成为一道安全屏障，那么安全才能从根本上得到保证。企业制定安全行为规范要根据员工具体岗位安全操作需要，制定简明易懂、便于操作的规程，使每个员工都能熟练遵守安全行为规范，真正落实安全责任。

7. 做好应急救援工作

有很多企业没有按要求认真去抓应急救援工作，因而在发生事故后，不能有效地开展救援工作。应急救援工作内容很多，需要重点强调的有以下三点：一是制定可操作性强的预案，并做好相应的物资准备，做到有备无患。二是进行演练。通过演练检验预案是否可行，修正不足。三是进行救援教育。让每个岗位，每个人都知道发生事故后自己该做什么，做到忙而不乱，进退有序。

8. 做好监督管理工作

企业安全管理是搞好安全生产的内因，对企业安全生产起决定作用。政府安全监管是实现安全生产的外因，对企业安全生产具有促进作用，必须强化外因与内因的有机统一，才能更好地促进企业安全生产责任的落实，所以企业要诚心接受来自社会各方的舆论监督，充分利用社会的评价，检查企业自身存在的问题，不断提升安全素质，引导和促使员工更加重视安全生产，落实安全责任，努力减少事故发生，真正做到"预防为主、安全发展"。

三、突出重点，开展集中整治和检查

1. 突出重点

结合事故教训，以企业自己发生的事故或同类行业发生的重大事故为整治重点，对事故多发、易发、隐患存量较大的部分重点行业领域进行专项整治；其他领域结合实际，对危险化学品领域、消防领域、建筑施工领域、特种设备领域、安全生产双预防以及标准化工作,抓薄弱环节深入开展专项整治活动。

2. 落实责任

以企业主要领导为第一责任人,各分管部门负责本行业领域的具体实施,应急管理部门对行动的开展负有协调和综合监管责任。各个网格安全员负责将有关精神和要求逐户传达告知企业,并督促企业及时贯彻落实。

企业必须对本单位安全生产工作进行全面深入、细致彻底的大检查。按照相关法律法规、规程规范和技术标准要求,严格细致、认真检查事故易发的重点场所、要害部位、关键环节,排查出的隐患、问题要列出清单,建立台账,制定整改方案,落实整改措施、责任、资金、时限和预案,并对本单位安全生产状况进行全面评估。对排查情况、整改方案和整改结果,都要经本单位主要负责人签字,在单位内部公布,接受职工群众监督,并上报当地应急管理部门和行业管理部门。对于风险控制应按一定的流程进行。风险控制实施流程见图3-1。

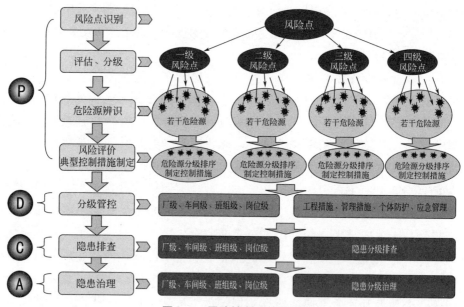

图3-1 风险控制实施流程

按照"管生产必须管安全、谁主管谁负责"的原则,企业安全监管部门要组织督查组,针对本企业的实际,组织指导和监督本企业的检查督查,对本企业开展安全检查的全过程进行督查、抽查,组织互查,开展专项检查、督导。应急管理部门要将检查发现的重大问题及时通报企业领导。

3. 必须创新检查方式

在全面督查检查的基础上,采取明察暗访、突击夜查、回头检查、交叉检查等多种方式进行检查，对重大事故隐患，要挂牌督办、一盯到底。企业要定期分析研究大检查工作中的问题，及时加强指导。要把安全检查与严格执法相结合。对检查发现的隐患和问题，必须现场依法提出处理意见；对存在重大事故隐患的，要依法停产整顿；对整改落实情况进行跟踪督查，复产必须经过验收。严厉打击非法违法行为，对非法生产经营建设和经停产整顿仍未达到要求的，一律关闭取缔；对非法违法生产经营建设的有关单位和责任人，一律按规定上限予以处罚；对存在违法生产经营建设的单位，一律责令停产整顿，并严格落实监管措施；对触犯法律的有关企业和人员，一律依法严格追究法律责任。

第二节 安全责任有效落实的对策

杜邦公司各企业、各层级一把手是非常重视安全的，很在意连续多长时间创造了什么样的安全纪录。一把手对安全向上司和员工承诺是第一的；各直线组织理所当然把HSE当作自己的责任与生产一同融合而不可分；每一名员工在入职时劳动合同规定遵守安全规章标准是雇用的条件，违犯是要付出代价的；所有员工都必须认同一切事故和伤害都是可以防范和避免的；零事故、零伤害是每个人追求的目标。工厂不论何种会议，会前都要进行安全经验分享，由主持人或请参加会议的成员说一个事故案例，简述事故经过、造成损失，分析事故原因，从中吸取哪些教训，使大家引以为戒。案例都结合亲身经历或发现的相关报道，给人印象深刻。每天早晨每名员工都会得到安全短信提示。

我们认为，企业作为安全生产活动的基本单位，是安全生产的最重要的责任主体。企业安全主体责任的落实，是安全生产工作的关键所在。近年来，我国重特大事故的发生，几乎都与企业自身在安全责任的落实方面存在一定的问题有关。但目前，在对事故调查与处理的过程中，我们一味强调或无限扩大企业的安全责任，对于企业在一定程度上来说是不公平的。企业作为整个市场环境中的行为主体之一，不可避免地受到整个市场环境的影响，在客观上有些问题不是企业自身所能解决的。事故虽然发生在企业生产现场，根源却是在整个市场。因此，只有搞清企业安全责任范围以及市场中其他行为主体和因素的影响有哪些，才能使企业安全责任制得以有效落实。

一、企业在落实安全责任方面存在的问题

随着我国市场经济的发展，企业经济成分和组织形式日益多样化，形成了国有、集体、私营等多种所有制并存的局面，使企业特别是私营企业在落实安全生产主体责任时出现了诸多问题，主要表现在以下几方面。

（1）企业负责人安全生产意识不强，安全管理观念落后　企业负责人对安全生产工作的重要性和抓好安全生产所产生的社会效益认识不足，重视程度不够，安全意识淡薄。把安全管理视为应付上级部门检查的一项无可奈何的工作，认为严格安全管理是自找麻烦多开支，认为只要上级检查没发现安全方面的大问题，企业的安全管理资料做好了、做齐全了，就算过关了，企业的安全管理就合格了。

（2）企业的安全管理制度落实不到位　大多数企业都制定了安全管理制度，然而制度制定后仅仅停留在文字上或挂在墙上，用来应付检查，没有切实按照所制定的安全管理制度去开展相应的工作，没有很好地把安全管理制度作为促进企业安全发展、保障企业财产安全和员工人身安全的内在需求去抓落实。

（3）企业安全教育培训不实　企业对从业人员和安全管理人员的安全教育培训弄虚作假走过场，未结合企业自身特点制订安全教育培训计划，调整充实安全教育培训内容，导致安全教育培训与生产实际脱节，未开展三级安全教育培训活动，对员工的安全教育培训流于形式，员工违章作业现象时有发生。

（4）部分企业未落实专职或兼职安全管理人员，即使有安全管理人员多半也是半路出家，没有经过安全知识教育培训，缺乏安全管理知识，无法有效开展工作。

（5）企业安全经费投入不足　企业普遍存在"重生产、轻安全"的思想，只从短期经济利益考虑，安全经费投入不足，使企业的安全生产工作无法正常开展。如安全防护设施不完善，生产设备陈旧老化、超负荷运转，劳动防护用品不按标准配置、降低质量要求、以次充好等。

（6）企业安全检查重形式轻实效　企业负责人在会上安排安全检查工作，但会后真正按要求开展隐患检查排查和整改的少，安全检查记录等材料多是在办公室闭门造车弄出来的，这样的安全检查是没有任何效果的。

（7）应急处置工作落实不到位　应急救援预案未结合本企业实际情况制定，针对性差，应急救援队伍建设和装备缺乏。未组织员工开展应急演练活动，员工缺乏必要的应急救援知识。

二、其他行为主体和因素对企业安全责任落实的影响

虽然目前企业在不断提升管理水平，加大安全投入和提高员工素质，落实

企业主体责任，加强安全技术措施等方面做了很多努力，但其外部因素不佳也是导致事故多发的重要原因。

1. 国家在安全生产投入方面缺乏相应的法规支持

改革开放以来，我国经济取得了高速发展，但我国企业安全生产投入的比例（安全投入/GDP）不升反降，这说明我国在经济飞速增长的同时，忽视了安全投入也应该同步发展的需求，安全生产投入的比例与经济发展的速度极不适应。20世纪90年代，我国GDP增长了近3.5倍，而同期安全生产投入只增长了约1倍。实际上，20世纪90年代我国安全生产投入相对值（安全投入/GDP）呈现出了平缓下降趋势。此外，虽然在2012年2月24日由财政部、国家安全监督管理总局联合下发了"关于印发《企业安全生产费用提取和使用管理办法》的通知"，但会计制度变更，在新的会计制度中对于企业在安全方面资金投入没有任何明确规定，法律、法规在安全生产方面匮乏，为一些缺乏长远目光的企业，特别是一些亏损和微利企业正好找到了不必进行任何安全生产投入的借口，这样导致发生生产事故概率增加，生产一线员工人身安全得不到保证。

2. 某些企业安全意识不强，很少承担安全责任

业主是企业的投资者和拥有者，对安全生产目标实现起主导作用，是企业安全生产的责任主体。一些业主对企业安全工程"过分拆分"，工程标价过低，不合理压缩工期现象突出。项目每分包、转包一级，安全生产工作就被削弱一些。每分包、转包一级，安全生产工作就更为边缘化一些。分包、转包链条最末端的一线生产岗位，甚至可能没有主管安全生产工作的责任人，出了事故也无法追究责任。要促进安全生产责任的落实，避免出现推诿扯皮、找不到责任人等现象，建立业主负责制是最好的方法，是从源头促进安全生产责任落实的有效方法。对于事故责任，应该责任分明，生产企业应该承担责任，而投资方更应该承担责任，并且是主导责任。

3. 政府安全监管不到位

首先，政府执法财政和人力资源有限。可以说，现有力量远远不足以完成工业生产企业安全的监管工作。其次，执法人员的专业素质有待提高，执法不够严格。一方面是目前的安全执法人员大部分不是专业安全人员，导致无法对企业生产现场进行有效监察；另一方面是有些执法人员缺乏严肃认真的工作态度，且人情关系错综复杂，抱着"睁一只眼，闭一只眼"的想法，不能做到有法必依，执法必严。这一问题在经济欠发达的中小城市和地区表现得比较明显。

4. 安全文化相对落后

改革开放以来，我国政府组织开展了一些旨在提升全社会安全文化意识的宣传教育和促进活动，目前全国性的安全促进活动包括"全国安全生产月""安

全生产年""隐患治理年"等。这些活动对改善我国企业落后的安全文化起到了一定的促进作用。但总体而言,目前我国企业的安全文化还比较落后,这主要体现在以下方面。

第一,绝大部分企业缺乏明确的安全生产方针政策,对安全生产的重视程度不够;忽视安全生产,不愿承担安全方面的社会责任。

第二,安全促进活动形式单一。没有更加有效的、生动形象的活动形式。

第三,农民工普遍存在宿命论的思想。如建筑业的工人绝大部分都是农民工,几千年来的"生死有命"的封建思想对他们有很大的影响,在工作中违章操作、野蛮施工导致发生事故的情况屡见不鲜。

三、落实安全责任的对策

1. 加强对企业负责人安全教育培训,提高安全意识,更新安全管理理念

企业负责人要端正对安全培训教育工作的认识和态度,采取自学和参加相关部门组织的安全教育培训的方式学习,通过学习,增强法治观念,提高安全认识和安全管理能力,提高安全生产的主体责任意识。只有企业负责人的安全意识增强了,对安全生产法律、法规了解了,才能关心和支持安全工作,才能把企业安全生产工作作为一项重要工作来抓,才能确保各项安全工作经费、各项安全管理制度的执行和各项安全措施落到实处;才能在思想上形成"要我安全到我要安全"的转变;才能在追求企业经济效益的同时,更加注重社会效益,由被动到主动承担安全生产主体责任的转变,形成以抓安全促进企业增效的格局。

2. 抓建章立制,强化制度落实,提高企业基础管理水平

企业要结合自身实际,进一步建立健全各项安全生产规章制度和安全技术操作规程。在规章制度健全的同时,要建立相应的配套落实措施,加强检查,强化整改,确保各项规章制度的落实,提高企业的基础管理水平。

3. 结合生产实际开展安全知识、技能教育培训

员工是企业的生产者,设备的操作者,能够在生产过程中首先发现隐患,并能在第一时间排除隐患,把隐患消除在萌芽状态。因此,培养企业员工的安全意识,提高其发现、排除隐患的能力尤为重要。可采取黑板报、宣传栏、标语、学习文件、收看电视录像等形式,进行日常安全宣传教育。通过宣传教育,让员工了解自己所在岗位的危险因素、危害程度、预防措施及处置方法等相关知识,从而使员工从心底真实感受到严格遵守操作规程、正确使用劳动防护用品等安全规章制度的重要性,在日常工作中能够自觉规范行为,提高隐患识别和处置能力。通过对新员工开展三级安全教育和老员工开展日常安全教育等安全教育活动,不断增强新老员工的安全意识,让员工在思想上树立安全工作从我做起、以我为主的思想意识,使其在生产过程中时刻绷紧安全生产这根弦不

放松，牢记安全第一的工作原则，杜绝生产安全事故发生。

4. 企业应以文件形式明确安全管理者的教育培训

　　企业安全管理人员是企业安全工作的执行者，起着承上启下的作用，其责任心的强弱，工作能力的高低，将直接影响企业的安全管理。因此，企业要主动送安全管理人员到上级部门组织的安全培训班学习，为安全管理人员购买一些关于安全方面的书籍供其学习。同时，作为安全管理人员，要充分认识安全工作的重要性，注重自身的学习，不断增强安全工作责任感、使命感，不断提高自身素质，提升业务水平，推动企业安全管理工作不断发展。加强对新文化、新知识的学习，进一步调整知识结构，拓宽知识面，进一步吸收先进安全理念，转变传统思想，更好地为安全监管工作服务。加强对新的安全生产法律、法规的学习，及时掌握国家安全生产方面的有关规定。结合本企业实际调整安全检查的内容和标准，对隐患检查到位、整改落实到位，最大限度地避免事故的发生。

5. 加大安全经费投入，提高企业本质安全度

　　企业负责人普遍存在安全投入认识上的误区，行动上的消极问题，认为安全投入只会给企业带来经济负担。其实，安全投入与企业利益回报是成正比的，是潜在的效益。安全投入，不像其他投入那样直接反映在产品数量的增加或质量的改进上。安全投入主要是在安全设施、培训教育、事故应急救援、隐患整改等工作上的资金投入。为从业人员提供符合国家标准或行业标准的劳动保护用品，并监督、教育从业人员按照说明正确佩戴、使用劳动保护用品，确保从业人员在生产过程中的安全与健康。企业要自觉做好新建、改建、扩建工程项目安全设施的"三同时"工作，保证安全设施与主体工程同时设计、同时施工、同时投入生产和使用，杜绝先天性隐患，从源头上遏制各类事故的发生。

6. 扎实抓好安全教育培训和检查工作

　　针对企业安全教育培训和检查走过场、弄虚作假现象，相关监管部门可以制定相应教育培训和检查制度，要求企业每次的安全教育培训和检查必须有录像资料留档备查，以此促进企业安全教育培训和检查落到实处。

7. 抓应急救援，提高企业应急处置能力

　　企业负责人应从思想上增强忧患意识，未雨绸缪，居安思危，重视加快建立反应灵敏、实用高效的突发事件应急机制，才能保证在事故发生时，有效预防和降低突发事故的损失和影响程度。结合企业实际，每年组织员工开展一次以上安全应急演练活动，丰富员工应急知识和提高员工应急处置能力，减少企业财产损失和人员伤亡。应急救援程序见图3-2。

8. 监管部门严格执行责任追究制度

　　负有安全生产监督管理职责的部门，应当严格执行责任追究制度，依法对存在重大事故隐患的企业，责令其限期整改，逾期未整改的予以查处；对发生较大

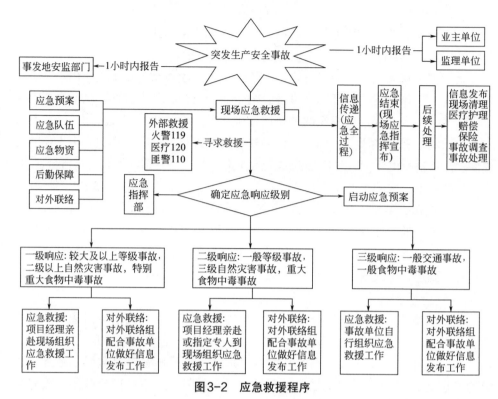

图3-2 应急救援程序

级别以上安全生产事故和违反安全生产法律法规,未履行安全生产主体责任的企业要依法依规处理,追究企业及其主要负责人和相关人员的责任,情节严重、构成犯罪的,依法追究刑事责任。通过严格执行责任追究制度,严厉打击安全违法行为,追究相关人员的责任,进一步告诫企业应该依法履行安全义务,高度重视安全工作,不断完善安全基础管理,落实各项安全措施,提升安全管理水平,起到惩处一家、警示一片的效果,促进企业安全生产主体责任的落实。

第三节 落实安全主体责任 提高安全管理水平

一、安全生产主体责任的内涵

责任主体的含义是工作责任的直接承担者和任务的具体落实者。按照

《安全生产法》和国家有关规定，生产经营单位(或称企业)是安全生产责任的直接承担者和安全生产任务的具体落实者。因此，安全生产责任主体就是指生产经营单位，具体到公司，就是各分部、各基层单位。各分部各部门和基层单位每名员工都应当依照公司的规定，履行安全生产职责和义务，在企业生产全周期全过程中，必须按照规定履行义务和承担责任，否则接受未尽责的追究。

安全监督岗应当承担的责任包括安全教育培训、安全生产管理责任、事故报告和应急救援的责任、规章规定的其他安全生产责任。

按照杜邦公司的管理实践，企业的安全主体责任一般包括：
① 设备设施保障责任。
② 资金投入责任。
③ 安全生产机构设置和人员配备责任。
④ 规章制度制定责任。
⑤ 安全教育培训责任。
⑥ 安全生产管理责任。
⑦ 事故报告和应急救援责任。
⑧ 法律、法规、规章规定的其他安全生产责任。

二、落实安全生产主体责任的重要意义

安全生产很大程度上取决于单位领导层对安全生产的认知程度。企业各级干部尤其是领导班子成员必须提高自己的安全思想意识，充分认识落实安全生产主体责任的重要意义。落实安全生产主体责任，往小说，安全与每个人息息相关，不尽责就会被追责，伤害别人、伤害自己；往大说，安全是实现公司可持续发展的客观要求，不尽责直接影响公司发展大局。

三、健全和落实企业安全生产责任制

"安全第一，预防为主，综合治理"是开展安全生产管理工作总的指导方针，"安全第一"是原则，预防为主是手段，综合治理是方法。"安全第一"是预防为主，综合治理的统帅和灵魂，没有"安全第一"的思想，预防为主就失去了思想支撑，综合治理就失去了整治依据。预防为主是实现"安全第一"的根本途径。只有把安全生产的重点放在建立事故预防体系上，采取超前措施，才能有效防止和减少事故。只有采取综合治理，才能实现人、机、物、环的统一，实现本质安全，真正把安全第一，预防为主落到实处。

四、如何落实安全生产责任制

（1）要实现企业生产周期全业务无死角的落实，各业务范围、内容、权限应清晰明了，不应含糊笼统。

（2）安全职责与业务一一对应，根据业务对安全职责有明确的内容和要求，才能实现"管业务必须管安全"。

（3）完善安全生产奖惩机制

① 安全考核过程必须要做到公平、公正、公开，确实发挥作用。

② 突出重奖重罚的原则，奖要奖得让人眼红，罚要罚得让人心痛。

（4）进行多种形式的宣传教育

① 提高全员安全意识，做到无论做什么，都能够主动自觉地先利用1分钟去思考一下安全风险及应对措施。

② 提高自我保护能力、事故预防能力和应急自救能力，要进一步规范全员培训，力争使每一位员工都受到针对性的教育，切实提高每一位从业人员的安全素质。

（5）完善安全设施，确保本质安全 应按照生产安全标准规范要求，添置、完善工作场所、生产设备等方面的安全防护设施，为员工提供一个安全的生产作业环境。杜绝先天性隐患，从源头上遏制各类事故的发生。

安全责任重于泰山，只要真正地把安全工作摆在首位，做到思想认识上警钟长鸣，制度保证上严密有效，技术支撑上坚强有力，监督检查上严格细致，事故处理上严肃认真，切实负起责任，强化管理，真抓实干，就一定能够遏制住事故，实现安全生产和健康协调发展。

五、杜邦落实安全责任的做法

杜邦认为落实安全责任的重点是抓好"预"和"防"。所谓"预"就是责任心，责任心等于职业要求加职业道德；所谓"防"就是落实，落实等于工作态度加执行力。为此，杜邦给出了几个等式。

① 制度+不执行=0

② 开会+不落实=0

③ 布置工作+不检查=0

④ 抓住不落实的事+追究不落实的人=落实

⑤ 安全=细节+流程+执行力

⑥ 执行力=知道+做到

第四章 所有操作隐患都是可以控制的

　　杜邦公司十大安全理念之三是：所有操作隐患都是可以控制的。实际上消除隐患是企业安全生产之本，只有消除了影响安全生产的隐患，生产装置、生产手段、生产方法处于安全的状态下，才有企业的安全生产。杜邦公司多年的安全生产实践证明，消除隐患是企业安全生产之本。

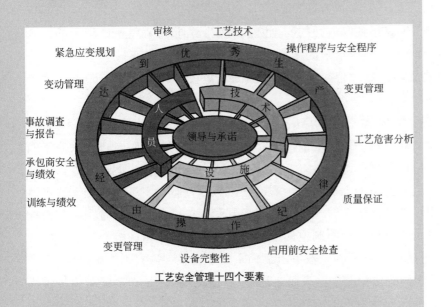

工艺安全管理十四个要素

第一节 把隐患消灭于萌芽状态

一、基本概念

所谓隐患,是可能引起事故的因素。就工业企业而言,事故隐患包括"设备(设计、制造、使用)"隐患、"人(心理与生理素质、安全能力素质、文化素质)"的隐患、管理(制度、效能的发挥)隐患、生产环境的隐患等。隐患不存在大和小之分,隐患是从量变到质变的过程,小可以变为大,进而演变成事故,这是由事物的因果关系决定的。古人所说的"千里之堤溃于蚁穴"指的就是隐患的危害性,事实上只有当事故发生的时候人们才感觉到隐患是多么可怕。对于生产企业而言隐患决定生产力,决定效益,决定企业形象。隐患也是企业安全生产的短板,也正如管理学上的木桶理论所说的,木桶装水的多少取决于木桶最短的木板,由此可见,唯有加高短板才能提高企业生产力和效益,才能改善企业形象。加高"短板"即控制事故隐患,消除事故隐患。

众所周知扁鹊是我国古代的名医,一日魏王问他兄弟三人中谁的医术最高,扁鹊答,长兄治病于病情发作之前,中兄治病于病情初起之时,自己治病于病情严重之时,所以医术以长兄最好,中兄次之,自己最差。由此可见,古人很早就明白了"超前预防为上,事中管理次之,事后补救为下"的道理。这个道理也非常适用于企业的安全管理,即要想控制隐患就必须走超前预防、超前控制的道路,这也正符合我国所制定的"安全第一,预防为主,综合治理"的方针。"隐患险于明火,防范胜于救灾,责任重于泰山。"其中,"隐患险于明火"就是要我们认识到隐患相对于明火而言是更危险的要素。"防范胜于救灾"说明在预防事故、保障安全生产的方法论上,事前的预防及防范方法胜于和优于事后被动型的救灾方法。因此,实现安全生产最关键、最重要的策略,是要从隐患入手,积极、自觉、主动地实施控制隐患、消除隐患的策略。控制和消除隐患也就预防了事故的发生。因此,变事故管理为隐患管理,变被动管理为主动管理,才能实现企业的安全本质化。预防和控制隐患是实现生产的前提,有了这样的前提我们还必须采取一系列针对性的对策。

二、控制"人"的隐患

所有的事故隐患中以"人"的隐患最为重要，人的意识决定行为，而行为反过来影响意识，意识上的错误带来的是错误的行为，即不安全的行为。针对"人"的多种不安全行为，为了有效控制和预防事故隐患的产生，可采取以下控制措施。

（1）采取有效方法努力提高职工的安全意识，除常规的岗前教育方式外，可以搞一些新的形式。

① 建立部分岗位职工与其管理干部安全生产互相监督的机制；

② 通过让事故责任者和负事故领导责任者讲述酿成事故前的想法和发生事故后的亲身感受来教育当事人和他人；

③ 让部分岗位职工轮流当一天安全员，以切身体会事故隐患控制和安全管理的重要性等。

（2）必须在班前班中注意观察职工的思想情绪变化，以防止作业人员因家庭困难或其他原因导致作业思想不集中，从而形成事故隐患。这就需要职工之间互相关心、互相帮助，及早发现作业人员存在的不良情绪并改变其工作岗位。

（3）坚持做到"四不伤害"，即自己不伤害自己，自己不伤害他人，自己不被他人伤害，自己保护他人不被伤害。如果每一位职工都能真正做到"四不伤害"，也就能有效控制事故隐患的产生。

（4）落实安全生产责任制，把安全责任与各类经济指标挂钩，以强化各级领导、广大职工的安全责任感和安全意识，使广大干部职工逐渐从"要我安全"向"我要安全"的思想转变，自觉遵守安全操作规程，从而减少乃至杜绝"人"的隐患。

（5）除了以上的措施以外，还要针对具体情况制定相应的应急救援预案，确保把隐患消除在萌芽状态。

三、控制"设备"的隐患

"设备"的隐患是指设备、设施方面的不安全性能的本质性隐患，也就是设备、设施在使用前就存在的一些缺陷。杜邦设备管理行为观察见图4-1。一般"设备"的隐患产生的原因有以下几方面。

（1）先天性工程设计缺陷　一些设备、设施的设计使人在识别、判断和习惯性动作等方面产生误操作。

（2）使用劣质产品　这些产品能带来隐患甚至引发事故。任何一个生产和操作场所，"设备"始终是人们的劳动工具，服从于人们，执行人们的意志。"人"与"设备"的关系是否协调，要看"设备"本身是否适应人的生理与心理特征。针对"设备"的隐患产生的原因，要控制"设备"的隐患，就必须提高设备、设施的本质安全性，而提高设备、设施的本质安全性的关键在于如何使设备、设施适应人的生理和心理特征，这就是人机工程学要研究和解决的问题。具体而言可采取以下措施。

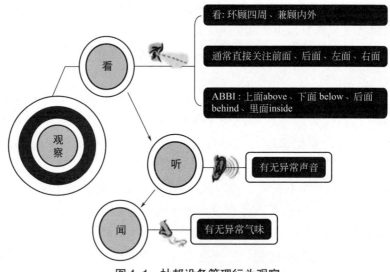

图4-1　杜邦设备管理行为观察

① 采用隐患评估的方法，对照隐患评估项目，找出设备、设施的本质性隐患，从而想方设法予以整改消除。

② 定期对设备、设施、作业工具等方面进行常规性检修、维护、保养，从而使其始终处于正常工作状态，始终处于安全可控状态。

③ 对新购设备结合工厂自身特点研究制定其安全对策，对易发生事故的部位采取一定的安全措施，如加设安全装置和安全警告牌予以提示。

④ 杜绝使用劣质产品的现象。

⑤ 在设计设备（包括各种工具）时应尽可能排除诱发误操作的因素，使设备特征等不致使操作人员发生误操作，同时防止对"设备"进行人为性的破坏，

保持"设备"时时处处均处于安全的状态。

四、控制"环境"的隐患

"环境"是指生产环境,它受自然环境和社会环境的影响和约束,对于同一生产流程而言,由于其自然环境和社会环境不同,所形成的生产环境也就不同。环境因素对人的心理和生理特征有着重要的影响,当"环境"适宜时,一般不会出现错误的作业行为;相反,当"环境"较差时,也就是不太适应时,人就处于比较烦躁的状态,头脑会反应迟钝,工作则会顾此失彼,极易发生差错,甚至引发事故。随着科学技术的发展,部分精密器械对"环境"的要求也越来越高,这就要求我们更加重视引起环境隐患的一些因素。影响人的自然环境主要有雨、雪、雾、大风等天气。环境保护体系见图4-2。影响人的生产环境主要有以下几个方面。

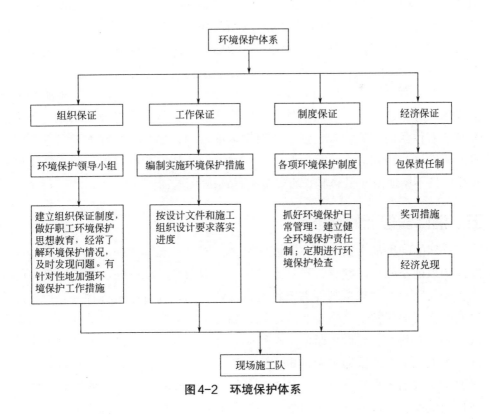

图4-2 环境保护体系

(1)粉尘、有毒有害气体 当空气中粉尘、有毒有害气体浓度过大时,会使人产生头晕乏力,注意力难以集中,作业动作反应缓慢或失调等不良生理现象，若人长时间处于此类环境中作业，则将导致职业病或中毒等严重影响作业人员的情况发生，如在狭小场所焊割作业时就会产生大量粉尘、有毒有害气体。

（2）生产过程中的噪声与振动　噪声对正常工作有干扰，对人体有害，最普遍的是听不清对方的讲话，影响交流，严重时会影响人的身心健康和工作效率。若作业人员长时间处于高噪声的工作环境中，往往会动作失调或误听指令信号引起误操作，从而导致工伤事故和设备事故的发生。

（3）光照问题　任何作业都是在光照的环境中进行的，如果有足够的采光或照明，可以使人心情舒畅，减少操作差错，提高生产速度和质量。如果光照不良，就会产生相反的效果，能见度低的昏暗光线使人无法正常开展工作，更易出现误操作，而光线过分刺眼时又会损害人的眼睛，使人产生目眩，无法看清作业场所的严重"环境"隐患。所以要想控制"环境"隐患就必须要营造一个好的生产环境，这就要求企业在安全生产、劳动防护、职业健康等工作方面，在生产场所环境设施方面舍得投入，领导者和管理人员要处处以人为本，关心、爱护职工，努力营造一个和谐、舒适、美好的生产氛围。

此外还有企业所在地的大环境，如政府行为、经济条件、人文素质等造成的隐患。就拿违章建筑所造成的事故隐患来说，就是一个老大难问题，还这里面有政府作为的问题，有企业和政府协调的问题，还有老百姓的安全意识问题等。解决这些问题，企业只有和政府相关部门协调好，取得他们的支持，另外还要坚持不懈地做好多种形式的安全教育宣传工作。

五、消除管理上的隐患

管理的隐患是指安全管理制度的缺失，安全管理方法的欠缺，安全管理所发挥的效能不到位，安全管理者的素质、意识低等造成的隐患。控制管理的隐患首先要完善各种规章制度并要针对具体情况因地制宜制定各种补充措施。其次要严格落实各种安全规章制度，通过制定激励和惩罚机制等措施来保证安全规章制度的落实，通过不断创新思路制定行之有效的措施。如笔者曾工作过的几个大型化工企业就通过制定重点安全工作逐级确认制，即各级负责人对上一级要求完成的各项安全重点工作进行"签字知晓—存档备查"的过程，便于各岗位明确职责，贯彻落实。另外还要对各级生产单位负责人和管理人员进行思想、情绪、管理技能、安全技能等方面的安全教育培训。杜邦安全管理系统见图4-3。

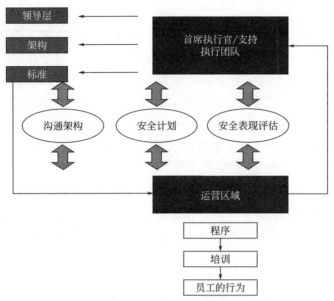

图 4-3　杜邦安全管理系统

总之,事故隐患无处不在,如不加以控制随时可能形成事故。在企业内部,不管是管理人员还是操作工人,每一位职工的言行都会给企业安全管理带来不同的效果,所谓"严是爱、松是害、放松管理事故来"就是这种关系的体现。所以每一位职工,包括管理人员,在企业生产过程中都必须严格控制事故隐患;同时,还要督促周围的作业人员遵章守纪,做到生产全过程的安全。唯有如此,事故隐患才能得到有效的控制,并最终被消除在萌芽状态中,真正实现"防患于未然",取得安全和效益的双赢。

第二节　企业如何完善隐患控制管理体系

多年来的安全生产实践证明,一整套安全管理规章制度的顺利推行,对企业生产事故的预防起了巨大的推动作用。但就目前而言,如何从不安全因素的管理入手，抓隐患控制，最终实现事故预防，仍是摆在我们面前亟待解决的重大课题。

众所周知，在企业生产过程中，存在着许多不安全因素。正是这些不安全因素的日积月累，才为企业生产埋下了诸多事故隐患。如果对这些事故隐患不能做到有效控制，则事故的预防必然成为一句空话。有效控制事故隐患的关键，是对不安全因素的全面管理。确切地说，就是在企业生产领域，对人的行为、物的状态、环境的状况实施全过程、全方位、全面、全员、全天候的安全管理，对各类不安全因素所构成的事故隐患创造可控条件，确保在控状态，从而实现对事故的超前预防。

当然，隐患的可控、在控，说起来容易，做起来困难。但是，只要进一步完善当前企业隐患控制管理体系，在实施安全管理过程中，坚持考虑问题全面周密，重点环节设卡把关，纵向沿线贯穿并实现封闭管理，横向全面铺开、不留管理死角，确保隐患的可控、在控，实现事故的超前预防（非可预见性外力破坏者除外）还是可以做到的。

完善当前的企业隐患控制管理体系，作者认为关键是健全隐患控制保证、监督两个体系，运用现代化管理手段从以下三个方面对各类不安全因素实施全面管理。尽量防止隐患的形成，确保控制隐患的发展，及时对隐患进行消除，最终实现事故预防。

一、全面管理人的不安全行为，确保人为隐患的可控、在控

现代管理学认为：任何生产过程，都是靠人使用设备，借助环境来完成的。与人相比，设备、设施、系统只不过是生产工具而已。因此，如何对人的不安全行为实施全过程、全方位管理，确保人为隐患的可控、在控，是企业生产事故预防的关键和核心。

人的不安全行为，主要源于人的安全素质。而人的安全素质主要包括生理素质、心理素质和技术素质。具体是指身体健康状况，是否有妨碍工作和不适于从事生产作业的职业禁忌证；安全生产理论水平的高低；安全生产意识强弱；安全及专业技术技能水平的高低等。因此，对工业企业职员，从入厂开始，从安全资质档案审查、医院体检复检、入厂安全教育培训、岗前技术培训、在岗日常管理、岗位变动升迁等全过程一条龙抓起，并通过一系列规章制度的制定与执行对管理过程的重要环节设卡把关，做到：资质不合格者不能录用；不通过厂级安全教育培训不能进现场；不通过车间安全教育培训不能下班组；不通过班组安全教育培训，不能参加岗前技术培训；培训后，不持证不能上岗；重

要运行操作和检修作业，无人监护不能开工；安全生产出现责任事故要做到"四不放过"，表彰奖励与岗位调升一票否决等。领导检查要仔细，思想教育工作要跟上，监督检查工作要到位，则对企业职员的不安全行为，必能创造可控条件。如果在生产领域的任何地点、任何时刻，对任何人，均能按以上程序，实施全过程、全方位的安全管理，则对人为隐患可控、在控是完全可以做到的。良好的安全创造了良好的利润见图4-4。

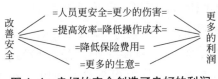

图4-4　良好的安全创造了良好的利润

二、全面管理设备的不安全状态，确保设备隐患的可控、在控

在企业生产各类事故中，属于设备原因所引发的事故，占相当高的比例。如何对设备的不安全状态实施全过程、全方位管理，对设备隐患做到可控、在控，同样十分重要。对生产设备状态，实施全面管理，突出重点，贯穿一线，全过程一抓到底。

对此间的重要环节，如设计审签、选型拍板、合同签订、制造工序质检、入库质量验收、施工与安装合同签订、施工与安装工序质检、调试质量验收、试运质量验收、移交试生产验收、质量追溯、设备异常运行、缺陷管理、检修工序质检、检修设备验收、临故修质检、设备停役审批等，通过制定并执行一系列规章制度，设卡把关，使产品制造质量不合格者不能入库；任何一道工序不合格者，不能继续下一道工序；零部件质量不合格者不能安装；安装质量不合格者，不能验收；调试质量不合格者，不能试运；试运质量不合格者，不能交接；检修质量不合格者，不能启动（或备用）；设备存在隐患，不能运行；设备该停役报废，则必须停役报废。假若在生产领域的任何地点、任何时刻，对任何设备，均能按以上程序实施管理，则必能确保设备隐患可控、在控，设备事故自然可超前预防。

三、全面管理环境的不安全状况，确保环境隐患的可控、在控

企业的生产环境，是指对企业生产活动，能够产生影响的一切外部因素。为便于分析研究，把以整个企业为主体的一切外部影响因素称为外部环境。把企业内部那些路线长、范围广、影响面较大，如厂内交通、厂房建筑设施、生产巡回检查路线等称为整体环境。而把以某人、某设备、某项运行操作、某项

检修作业或某项工程施工为主体的外部影响因素称为局部环境。由生产环境的不安全状况所形成的事故隐患，称为环境隐患。环境隐患，分为外部环境隐患、整体环境隐患和局部环境隐患三类。

1. 外部环境隐患控制

外部环境隐患主要由企业外部的社会环境和自然环境中的不安全因素构成。其中，社会环境因素，主要指外部社会人员，对企业生产无意和故意的破坏行为。而自然环境因素，主要指企业所在地的地理及气候因素，特别是那些对企业生产有破坏作用的自然因素，如地震、泥石流、塌方、洪涝、海潮、风、雪、雷电、霜、雾、冰雹、设备腐蚀以及环境污染等。由于在当前条件下，对外部环境诸多因素的变化还难以预见，所以对外部环境隐患的控制显得相当困难。但是，只要明确落实外部环境的管理、监督与整改责任，提前进行事故预想，认真制定切实可行的反事故预防措施，随时保持与企业所在地当地气象部门的密切联系，坚持巡回检查与整改督促，及时预报自然险情，则对外部环境隐患实现相对有效的可控、在控，争取对事故提前预防，将事故损失降到最低。

2. 整体环境隐患控制

整体环境隐患由生产现场公共环境中的不安全因素构成。主要包括生产区域照明、道路交通、厂房建筑设施和厂区井、坑、孔洞、沟道、盖板等所存在的不安全因素；生产巡回检查路线的梯台、楼板、地面、通道及安全防护设施存在的缺陷；生产现场温度、噪声、粉尘、有毒有害与易燃易爆物品等劳动安全与劳动卫生条件不良以及生产现场危险区域安全警示、危险告知不足等。若要切实有效地控制整体环境隐患，就必须明确整体环境诸多因素的管理、监督和整改职责。要从设计审查、施工监督、验收交接、日常管理、监督检查、维护整改，直到奖励或处罚，一条龙、全过程、全方位抓起。特别在工程设计、施工、试车、投料、投产阶段，对整体环境有较大影响的关键环节，要按国家关于"劳动安全卫生设施必须和主体工程同时设计、同时施工、同时投产的三同时"的原则，设卡把关。在生产现场有改建或扩建工程、运行异常和检修作业等生产环境易发生变化的特殊时期，要重点进行监督检查，制订可操作性强的事故应急救援预案，随时确保对整体环境隐患的可控、在控。

3. 局部环境隐患控制

构成局部环境隐患的因素，主要是指那些对某些人、某设备、某项运行操作、某项检修作业或某项工程施工产生不利影响，或构成安全威胁的一切外部的不安全因素，包括：相邻或关联设备系统的异常状态；交叉或相邻的不安全作业；周边房屋建筑设施的危险状况；周围安全防护设施缺陷；环境温度、湿度条件不良；有毒、有害、易燃易爆、腐蚀性物品和放射性物质存放等。

为切实有效地控制局部环境隐患，必须制定"生产现场局部环境安全标准"和有关安全规章制度。根据人机界面和谐、不留死角的设备分工，明确进入生产现场的所有人员（包括运行、检修设备工人，运行操作监护人，检修作业负责人，工程施工负责人）对局部环境的监督职责和监督程序，落实各级各类责任人，建立局部环境管理机制，使局部环境具备可控条件，确保处于在控状态，实现对局部环境隐患的可控、在控。

综上所述，只要以"凡事有人负责，凡事有人监督，凡事有章可循，凡事有案可查"为原则，进一步完善隐患控制管理体系，对人的行为、物的状态、环境的状况实施全过程、全方位的安全管理，对各类事故隐患极力创造可控条件，确保处于在控状态，并及时消除隐患，则企业生产安全事故的超前预防一定能够实现。

第三节 操作人员隐患的排查与处理

2019年7月19日，河南省三门峡市河南煤业集团义马气化厂空气分离装置发生"砂爆"，这是一种空分冷箱发生漏液，保温层珠光砂内就会存有大量低温液体，当低温液体急剧蒸发时冷箱外壳被撑裂，气体夹带珠光砂大量喷出的现象，进而引发冷箱倒塌，导致附近500m³液氧贮槽破裂，大量液氧迅速外泄，周围可燃物在液氧或富氧条件下发生爆炸、燃烧，造成周边人员大量伤亡。

事故直接原因是空气分离装置冷箱泄漏未及时处理。义马气化厂净化分厂2019年6月26日就已发现空气分离装置冷箱保温层内氧含量上升，判断存在少量氧泄漏，但未引起足够重视，认为监护运行即可;7月12日冷箱外表面出现裂缝，泄漏量进一步增大，由于备用空分系统设备不完好等原因，企业却仍坚持"带病"生产，未及时采取停产检修措施，发生爆炸。这起重特大事故的发生，不得不让我们重新认识事故隐患排查的严重性，不得不让我们重申进一步加强对隐患排查与处理的重要性。

随着化工行业的迅速发展，生产规模、工艺技术、产品结构方面都发生了巨大变化，这些必然对安全生产提出更新、更高的要求。安全是一种相对的状态，隐患却是持久的，不断消除隐患，营造安全的生产环境是我们每一个人都要思考的问题。特别是化工生产岗位的操作工，肩负着对生产岗位现场隐患的初始发现、检查责任，必须强化其隐患排查的力度。

一、隐患的分类和表现形式

隐患的概念可简单定义为可能导致事故发生的物的危险状态、人的不安全行为及管理上的缺陷。通常通过检查、分析可以发现、察觉它们的存在。按其危害程度分为四级。

（1）一般事故隐患　可能造成3人（不含3人）以下死亡，或直接经济损失100万元（不含）以下。

（2）较大事故隐患　可能造成3人以上10人（不含10人）以下死亡，或直接经济损失100万～500万元（不含）以下。

（3）重大事故隐患　可能造成10人以上50人（不含50人）以下死亡，或直接经济损失500万～1000万元（不含）以下。

（4）特大事故隐患　可能造成50人及以上死亡，或直接经济损失1000万元以上。

对于隐患进行分类，能够更好地对其进行排查和处理。结合化工行业特点以及客观因素，通过笔者在化工厂几十年安全管理的实践，按隐患的表现形式可分为以下几个方面。

1.机的隐患（物的隐患）

这是指生产设备不符合安全要求，易导致事故发生的状态。一般来说，化工企业生产自动化程度均比较高，生产机械被广泛应用，设备常常由于其自身的设计缺陷、制造的欠缺、使用中的磨损或部件的失效导致隐患的产生，这是比较常见的隐患。这里的生产设备既包括动态运行设备如泵、风机，也包括静态设备如储罐、管道等一切用于生产的设备。例如，循环水管道长期运行导致腐蚀和阻塞，长期的运行磨损导致泵的密封性破坏等。

2.人的隐患

这是指人的错误认识和行为。操作人员由于安全观念、思想性格、生理心理素质和技术素质等方面的差异，对于事物的认识和判断会有所不同；人的行为也不能总是如同机器般精确，经常受到各种因素的干扰，所以人也是一个活跃的隐患因素。例如，不断开电源就带电修理电气线路而发生触电，进入有毒环境未戴防护工具导致中毒等。

3. 环境隐患

　　这是指不利于生产的环境因素。环境因素有两方面：一是生产运行的自然物理环境。例如，南方的多雨潮湿气候，会加大设备的腐蚀从而降低结构或容器的强度；多雷雨天气易导致雷击的发生；气温较高会给化工生产的温度控制带来困难。二是企业和社会的软环境。环境因素的隐患往往不直接导致事故，但却可以引发机的隐患和人的隐患的产生。

4. 管理隐患

　　这是指安全管理制度存在缺陷，不能满足安全生产的要求，随着生产的发展进步，大功率自动化设备的投入，对化工企业的生产管理有了较高的要求。例如，留有死角的安全巡检制度，不合理的人员调配和不规范的操作程序等都属于安全管理制度的缺陷。

　　在以上四种隐患中，人的隐患引发事故率最高，危害性最大，是事故隐患中最活跃的因素；机的隐患较为常见，但大多数是因为操作人员对设备性能不完全了解，在操作、维护上没有达到相应的要求而导致存在隐患；在长期的生产活动中，人们已经对大部分环境隐患引发事故找到了行之有效的防范方法，但因环境因素的突发性和破坏性依然能够引发严重事故；企业安全管理，也是决定事故发生与否的重要因素。管理严格，措施到位，事故隐患就少，反之，必然会导致隐患四伏，事故频频。

二、隐患的排查

　　隐患呈现了事物内在本质的薄弱点，靠人的知识和经验，靠科学的评估和计算，靠科学检测仪器的探测和监视，才能予以发现，并想出对策措施予以整治或消除，把事故消灭于萌芽状态之中。隐患是事故发生的基础，如果有效地消除或减少生产过程中的隐患，事故发生的概率就能大大降低。一线化工操作人员与生产环境、设备接触较多，更有机会发现、处理隐患，防止事故的发生。那么，职工如何才能更好地发现隐患呢？

1. 加强安全教育学习

　　强化对于隐患危害性的认识，重视隐患的排查，从思想上认识安全生产是企业长久发展的重要因素，而隐患却是安全生产的绊脚石。为了自身的生命财产安全，也为了企业和国家的利益，我们必须大力清除隐患，加强安全教育学习。

2. 运用合理有效的方法

对于操作人员来说，在日常工作中掌握合理有效的方法排查隐患，可以取得事半功倍的效果。在这里笔者提出如下工作方法。

（1）对照法排查隐患　对照法可分为对照经验和对照规章规程两种。对照经验是排查隐患中常用的方法，其优点是简便、易行，其缺点是受操作人员知识、经验和占有资料的限制，可能出现遗漏。为弥补个人判断的不足，应与大家多交流，相互启发、交换意见、集思广益，使隐患的识别更加细致、具体。对照规章规程则是利用经过大量实践而制定的一些操作规程、检修检查规范进行检查，可弥补经验不足，减少遗漏，但须加强安全科学理论的学习，以便能够熟练运用规章规程。

（2）类比法排查隐患　利用相同或相似系统或作业条件的经验和统计资料来类推、分析未发现的隐患。同行业有许多这方面的经验和教训，这些对于我们来说都是宝贵的财富。"邻里失火，自查炉灶"说的就是这个道理。要把别的地方发生的问题，经常进行"对号入座"，查一查自身有没有类似的隐患。不能因为"自家"没事，对"邻里"失火不以为然，或者只把别人的事故教训当作茶余饭后的谈资，麻痹大意，其结果只能重蹈别人的"覆辙"。

（3）排除法排查隐患　首先确定正常的部分，来减小排查范围。对于有疑问的方面集中排查资源，仔细甄别，发现问题。然后采取有效措施予以排除。

3. 跳出思维定势，多个角度排查隐患

在长期的思维实践中，每个人都形成了自己所惯用的、固定的思考模式，当面临外界事物或现实问题的时候，我们能够不假思索地把它们纳入特定的思维框架，并沿着特定的思维路径对它们进行思考和处理，这就是思维定势。像尊重权威，从众心理，迷信经验等都会让我们思维僵化。思维的定势，常常让我们对于隐患"熟视无睹"。要想让思维活跃创新，发现隐患，就要克服这些障碍。我们要尊重权威但不盲目崇拜，广纳意见但不迷失自己的观点，善于总结经验但不让经验控制行为。这样就能跳出思维定势，闪耀出安全思想新的光芒。隐患闭环管理见图4-5。

三、隐患的处理

从多年的安全生产实践中，可以总结出化工企业操作人员对于隐患的处理应遵循以下几个原则。

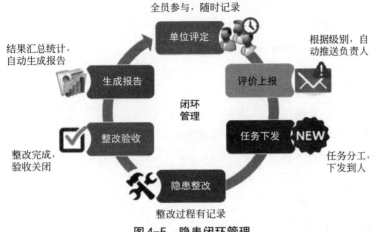

图 4-5　隐患闭环管理

1. 发现隐患，及时呈报

鉴于个人经验和知识的局限性，许多情况我们可能会做出错误的判断，把自己认为的隐患呈报，让更多人参与判断，更好地识别分析隐患，制定合理的处理方案，无特殊情况不应只凭自己主观判断处理。

2. 隐患处理要及时

一旦发现隐患要及时处理，切不可拖延，也不可有侥幸心理。隐患险于明火，隐患得不到及时处理就会诱发事故。及时处理现场隐患是保证安全生产的关键，现场有隐患不及时处理，小隐患就会变成大隐患，就会诱发事故的发生，每一起事故的发生和隐患都有直接关系。

3. 追根究底，从源头开始处理隐患

当发现隐患时，不仅仅只限于立刻整改，要认真分析导致隐患存在的各种关联因素，查处根源，不能浅尝辄止，要从根源解决问题，杜绝隐患再次发生。

4. 隐患治理后的监控

隐患治理是一个动态并且渐进的过程。某个阶段针对某个问题所采取的隐患治理办法，具有一定的时效性、时段性，隐患治理过后的设备在经过一段时间有效运转后，难免有新的隐患出现，如果不在思想认识上绷紧安全生产这根弦，在现场监控上做好打"预防战"和"持久战"的准备，一旦新的隐患出现，再来寻求新的治理办法，就有可能丧失进一步治理隐患的最佳时机。

5. 协助安全管理人员完善各级各类应急预案

凡事"预则立，不预则废"，制定准确、详细的预案，可以为化工生产事故

的处置提供可靠的理论依据，为从现场搜集有关数据节省大量的时间。一个完整的应急预案应包括以下内容：

（1）厂区的基本情况；

（2）危险化学品的数量及其分布图；

（3）指挥机构的设备及职责；

（4）资金保障及通信联络的方式；

（5）应急救援专业队伍的任务和训练；

（6）预防事故的措施；

（7）事故处理；

（8）工程抢救抢修；

（9）现场医疗救护；

（10）紧急安全疏散；

（11）社会支援。

操作人员应该熟悉应急预案，并利用自身优势对应急预案提出完善意见，并保持常备不懈，经常演练。在突发事件出现时能够迅速完成各项应急任务，确保及时、迅速、高效、有序地应对各类突发性事件，将事故的危害降到最低限度。日常工作中要确保应急物资、应急设备处于良好的备用状态。在大多数平安无事的日子里，有人可能把日常的巡检当成单调枯燥的工作，容易让人精神懈怠、意识放松，偶尔偷一点懒，如果没出什么事，更容易让人滋生侥幸心理，失去对安全责任到位的自我约束。但是，危机正是在我们无意识的一点点的思想滑坡中慢慢逼近的。在每一起重大事故中，我们都可以找到早该补牢的漏洞。一线的化工操作人员，需要摈弃思想上对隐患的麻痹、轻视，在隐患的排查与处理中发挥作用，让事故消除在萌芽状态，确保安全生产。

要想完全彻底地消除事故隐患，学习和应用杜邦公司的安全管理方法，有的放矢地进行安全管理和隐患排查，是新时期排除隐患的有效方法。杜邦公司认为，员工的不安全行为因素和工艺不安全因素造成的安全事故比例大约在4∶1。杜邦公司安全文化和风险源包含的要素见图4-6。杜邦公司14个工艺安全要素见图4-7。

（1）安全文化12个要素：

a.管理层承诺；b.政策与原则；c.目标、指标与计划；d.程序与执行标准；e.直线职责；f.安全专业人员；g.安全组织；h.激励与安全意识；i.有效的双向沟通；j.培训与人员能力开发；k.审核与观察；l.事故调查。

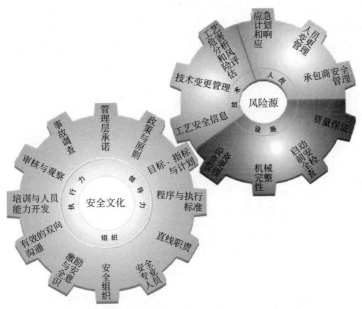

图 4-6 杜邦公司安全文化和风险源包含的要素

图 4-7 杜邦公司 14 个工艺安全要素

（2）10个风险源14个要素：

a. 工艺安全信息；b. 工艺危害分析和风险评估；c. 操作程序和安全惯例；d. 技术变更处理；e. 质量保证；f. 启动前安全检查；g. 机械完整性；h. 设备变更管理；i. 培训及表现；j. 承包商安全管理；k. 事故调查；l. 人员变更管理；m. 应急计划和响应；n. 审核安全体系。

第五章 安全是被雇佣的必要条件

杜邦十大安全理念之四是：安全是被雇佣的必要条件。这充分说明安全是企业最基本的要求，是企业一切活动的基础。因为企业的一切工作都要靠人来完成，而人的安全性决定这些工作的安全可靠性，由此，把安全作为企业用人的一个前提条件是有道理的。杜邦公司正是从事故的深刻教训中总结出这一理念的，它具有安全准入的性质，是我们每个企业都应该学习和执行的。

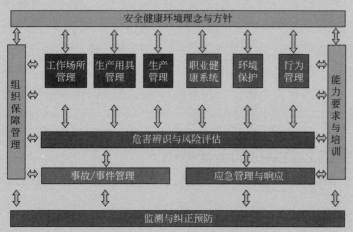

第一节 概述

安全是被雇佣的员工条件。在员工与杜邦的合同中明确写着，只要违反安全操作规程，随时可能被解雇。每位员工参加工作的第一天就意识到这家公司是讲安全的，从法律上讲只要违反公司安全规程就可能被解雇，这是把安全与人事管理有机地结合起来。当员工理解管理层将安全视作与生产、质量和成本控制同等重要的事情时，他们也会尊重安全与职业健康工作，接受安全作为雇佣的条件之一。

例如，中国石油化工集团公司HSE承诺中第五条内容是：各级最高管理者是HSE第一责任人，HSE表现和业绩是奖惩、雇佣人员以及雇用承包商的重要依据。新近颁布的HSE管理原则把"安全是雇佣的必要条件"列为第二条规定内容，其深刻内涵是：员工承诺遵守安全规章制度，接受安全培训并考核合格，具备良好的安全表现是企业雇佣员工的必要条件。企业应充分考察员工的安全意识、技能和历史表现，不得雇佣不合格人员。各级管理人员和操作人员都应强化安全责任意识，提高自身安全素质，认真履行岗位安全职责，不断改进个人安全表现。

一、安全是被雇佣的必要条件的法律依据

《安全生产法》的明确规定。《安全生产法》第二章"生产经营单位的安全生产保障"中，第二十三到二十七条明文规定：

生产经营单位的安全生产管理机构以及安全生产管理人员应当恪尽职守，依法履行职责。生产经营单位作出涉及安全生产的经营决策，应当听取安全生产管理机构以及安全生产管理人员的意见。生产经营单位不得因安全生产管理人员依法履行职责而降低其工资、福利等待遇或者解除与其订立的劳动合同。危险物品的生产、储存单位以及矿山、金属冶炼单位的安全生产管理人员的任免，应当告知主管的负有安全生产监督管理职责的部门。

生产经营单位的主要负责人和安全生产管理人员必须具备与本单位所从事的生产经营活动相应的安全生产知识和管理能力。危险物品的生产、经营、储

存单位以及矿山、金属冶炼、建筑施工、道路运输单位的主要负责人和安全生产管理人员，应当由主管的负有安全生产监督管理职责的部门对其安全生产知识和管理能力考核合格。考核不得收费。危险物品的生产、储存单位以及矿山、金属冶炼单位应当有注册安全工程师从事安全生产管理工作。鼓励其他生产经营单位聘用注册安全工程师从事安全生产管理工作。注册安全工程师按专业分类管理，具体办法由国务院人力资源和社会保障部门、国务院安全生产监督管理部门会同国务院有关部门制定。

生产经营单位应当对从业人员进行安全生产教育和培训，保证从业人员具备必要的安全生产知识，熟悉有关的安全生产规章制度和安全操作规程，掌握本岗位的安全操作技能，了解事故应急处理措施，知悉自身在安全生产方面的权利和义务。未经安全生产教育和培训合格的从业人员，不得上岗作业。生产经营单位使用被派遣劳动者的，应当将被派遣劳动者纳入本单位从业人员统一管理，对被派遣劳动者进行岗位安全操作规程和安全操作技能的教育和培训。劳务派遣单位应当对被派遣劳动者进行必要的安全生产教育和培训。生产经营单位接收中等职业学校、高等学校学生实习的，应当对实习学生进行相应的安全生产教育和培训，提供必要的劳动防护用品。学校应当协助生产经营单位对实习学生进行安全生产教育和培训。生产经营单位应当建立安全生产教育和培训档案，如实记录安全生产教育和培训的时间、内容、参加人员以及考核结果等情况。

生产经营单位采用新工艺、新技术、新材料或者使用新设备，必须了解、掌握其安全技术特性，采取有效的安全防护措施，并对从业人员进行专门的安全生产教育和培训。

生产经营单位的特种作业人员必须按照国家有关规定经专门的安全作业培训，取得相应资格，方可上岗作业。特种作业人员的范围由国务院安全生产监督管理部门会同国务院有关部门确定。

二、企业安全生产的"防火墙"

把"安全是被雇佣的必要条件"作为HSE管理的重要内容，它的实际意义在于这是企业实现安全生产的最重要基础、第一道关口和"防火墙"。其一，"安全是被雇佣的必要条件"体现以人为本的安全理念。管理者不能以任何理由蔑视和伤害员工的生存权、健康权。尊重和保证员工的安全，是领导对员工的最大承诺，是企业对员工利益的最大维护。员工没有达到要求就上岗，如同自杀，管理者雇佣不合格员工上岗，如同杀人。其二，在企业生产过程"人-机-

环"三要素中，人的因素是第一位的，生产过程是靠人操作的，"没有金刚钻，不能揽瓷器活"。员工是企业安全生产经营的第一道防线，也是最后一道防线。雇佣合格员工是企业安全的基石，雇佣不合格员工是岗位安全的"定时炸弹"。其三，管理者是实现"安全是被雇佣的必要条件"关口的守门员。把好企业雇佣关，有制度规定，有专职部门，但最重要的是各级管理者的"第一责任"作用。

三、管理者要当好"合格产品"质检员

和保证生产优质产品一样，落实HSE管理原则、保证"安全是被雇佣的必要条件"规定的有效实施，也要有一条雇佣工作运行有序的检验流程，各级管理者就是雇佣人员、承包商合格"下线"各道工序的质检员和总检师。当好质检员首先要把自己修炼成"业内专家"，管理者要熟知和深刻掌握《安全生产法》、HSE管理原则关于雇佣的核心理念和安全科学管理办法，把自己培养成"安全管理专家"。产品必须依据标准进行检验，质检员的任务就是不能让不合格产品出厂。各级管理者也要全面准确把握国家、企业关于雇佣人员、承包商上岗准入的各种法规标准，确保资质资格。结合企业实际需求，制定相应的雇佣管理制度规定实施细则，对岗前、转岗、新员工、临时雇员、承包商、访问者等各个环节都要进行HSE培训，合格后方可准入。以权威可靠、可量化、可操作、可考核的技术指标作支撑，把好员工、承包商雇佣质量关，不能让不符合HSE的人上岗入围。合格产品的检验通常是自检、互检、共检等多个程序的检验，雇佣工作也要制定完整的保障流程，落实责任，不挂空挡。要根据HSE风险识别和消减控制、HSE法规标准、应急预案和处置演练、事故事件调查与HSE专业知识培训等各个专业要求，对应聘方实施安全符合检验，要在项目设计、合同管理、队伍资质、人员持证、设备达标等各个环节对应聘方进行评估。

安全是被雇佣的必要条件，安全不仅仅是上级发布的一条HSE管理原则，它更是从基层生产岗位事故现场的鲜血和生命换来的深刻教训。在市场经济条件下，从事生产经营活动的市场主体以营利为目的，在生产经营活动中努力追求利润的最大化，这当然是无可非议的。但生产经营主体追求自身利益的最大化，绝不能以牺牲从业人员甚至公众的生命安全为代价。事实上，如果不注重安全生产，一旦发生事故，不但给他人的生命财产造成损害，生产经营者自身也会遭受损失，甚至会受到难以弥补的重大损失，生产经营活动不能正常进行，甚至因此破产，还谈什么利益的最大化？因此，保证生产安全是生产经营单位自身的责任，既是对社会负责，也是对生产经营者自身利益负责。同时，国家

作为社会公共利益的维护者，为了保障人民群众的生命财产安全，为了全体社会成员的共同利益，也必须运用国家权力，对安全生产实施有效的监督管理。人们在生产经营活动中，在室内、室外、井下、高空、高温等不同的环境和场所中工作，使用不同的机器设备和工具，进行采掘、砌筑、提取、填充、冲压、浇铸、焊接、切割、装配、爆破、驾驶、吊装、监控等不同的作业活动。而许多作业活动或多或少、或大或小存在着某些可能会对人身和财产安全造成损害的危险因素。至于那些在井下、高空、高温等场所，与易燃、易爆、高压、高速等高危设备及物品有关的高危作业对从业人员和周围环境构成的潜在危险，就更是不言而喻。如果在生产经营活动中对各种潜在的危险因素缺乏充分的认识，或者虽有认识但没有采取有效的预防、控制措施，这种潜在的危险就会显现，造成诸如触电、淹溺、灼烫、火灾、坠落、坍塌、透水、爆炸、中毒、窒息等导致人身伤害和财产损失的生产安全事故，一些严重的恶性事故往往会酿成重大人员伤亡和巨额财产损失的惨剧，这类血的教训，在国内外都不罕见。人类的生产经营活动不可能停止，伴随生产经营活动的危险也难以完全避免（事实上，大工业生产以来，生产中的危险因素还在增加），保证生产安全，预防和减少事故发生，成为生产经营活动中永恒的主题。

安全是被雇佣的必要条件这一理念，说明企业对员工的态度。企业的安全是由每一位被雇佣者共同创造的，企业要想顺利发展，必须保证自己的员工在安全的状态下得到价值体现，而员工本身必须以整个企业安全顺利生产为己任。这两点是相辅相成的，所以，安全对员工和企业是共赢，是被雇佣者必须满足的条件之一。

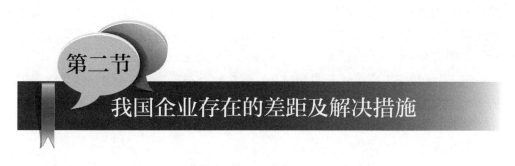

第二节 我国企业存在的差距及解决措施

安全是被雇佣的必要条件。杜邦认为，要想成为公司的一名员工，其中一个条件是必须做好安全工作和自身的安全。我国的一些企业，由于经济效益处于被动状态，特别是与一些外资企业和经济效益较好的企业相比，员工的收入处于相对低的水平，可以说，员工的安全工作主动性、积极性、责任心或多或少存在这样那样的问题。但多数企业在近几年的生产经营中不常发生重大安全问题，这主要得益于这些企业在建设时期就装设有比较完善的安全保护装置和有比较完善的管理程序。如化工企业的动火作业安全管理、动土作业安全管理、设备检修作业安全管理、高处作业安全管理、断路作业安全管理、盲板抽堵作业安全管理、进入受限空间作业安全管理、用电作业安全管理、吊装作业安全管理等。这些规范化的管理使企业没有发生大的安全问题。但笔者认为，要真正做好企业的安全生产工作，首先，员工的直接参与是关键，其次，要对员工进行有针对性的、可操作的安全教育培训，使员工掌握一定的安全技能，一定的安全技术，一定的应急处理办法。

我国有些企业在使用管理人员、聘用各级管理干部的过程中，"安全是被雇佣的必要条件"的意识是比较淡薄的，也可以说是被忽略的。试想一下，如果一名在生产岗位的员工不重视安全生产工作，对存在的各类隐患熟视无睹，那么这个生产岗位发生事故只是个时间问题了。而随着在这个岗位员工的升迁所带来的安全生产问题则将会更多，由此可能给企业带来的损害也将会更大，甚至无法估量。如果一名员工在其工作岗位的升迁过程中，对其安全没有任何要求，实际上就是埋下最大的隐患。我国化工行业曾有过专门的规定：干部任职前的安全教育制度，旨在对这名干部在任职前进行一定的安全知识、安全技能、安全法律法规、事故案例等教育培训，使之提高安全意识，掌握安全技能，拓展安全技术。但多数企业没有很好落实这项制度，甚至根本没执行。新干部头脑中没有安全生产的概念，到了新的工作岗位要求其做好安全生产工作是不可能的。

杜邦公司在人员的雇佣上将安全作为一个必要的条件，在雇佣过程中让其参与安全工作，对其进行针对性的安全教育培训，使其掌握一定的安全技能，学会一定的安全知识，增强安全生产意识，而在重要岗位的人员选择上对安全就不再有另外的要求。这就是我国企业与杜邦公司之间的差别所在。

落实安全是被雇佣的条件，下面几条措施值得重视。

（1）"任何决策必须优先考虑健康、安全、环境" 安全工作首先要做到预防为主、源头控制，即在战略规划、项目投资和生产经营等相关事务的决策时，同时考虑、评估潜在的安全风险，配套落实风险控制措施，优先保障安全条件，做到安全发展、清洁发展。

（2）"安全是被雇佣的必要条件" 员工承诺遵守安全规章制度，接受安全培训并考核合格，具备良好的安全表现是企业雇佣员工的必要条件。企业应充分考察员工的安全意识、技能和历史表现，不得雇佣不合格人员。

（3）"企业必须对员工进行健康、安全、环保培训" 接受岗位安全培训是员工的基本权利，也是企业安全工作的重要责任。企业应持续对员工进行安全培训和再培训,确保员工掌握相关的安全知识和技能,培养员工良好的安全意识和行为。

(4)"各级管理者对业务范围内的健康、安全、环境工作负责" 各级管理者是管辖区域或业务范围内安全工作的直接责任者,应积极履行职能范围内的安全职责,制定安全目标,提供相应资源,健全安全制度并强化执行,持续提升安全绩效水平。

(5)"各级管理者必须亲自参加健康、安全、环境审核" 各级管理者应以身作则,积极参加现场检查、体系内审和管理评审工作,了解安全管理情况,及时发现并改进安全管理薄弱环节,推动安全管理持续改进。

(6)"员工必须参与岗位危害识别及风险评估" 任何作业活动之前,都必须进行危害识别和风险评估。员工应主动参与岗位危害识别和风险评估,熟知岗位风险,掌握控制方法,防止事故发生。

(7)"事故隐患必须及时整改" 所有事故隐患,包括人的不安全行为,一经发现,都应立即整改;一时不能整改的,应及时采取相应监控措施。应对整改措施或监控措施的实施过程和实施效果进行跟踪、验证,确保整改或监控达到预期效果。

(8)"所有事故事件必须及时报告、分析和处理" 要完善机制,鼓励员工和基层单位报告事故,挖掘事故资源。所有事故、事件,无论大小,都应按"四不放过"原则,及时报告,并在短时间内查明原因,采取整改措施,消除事故隐患。应充分共享事故、事件资源,广泛深刻吸取教训,避免事故、事件重复发生。

(9)"承包商管理执行统一的健康、安全、环境标准" 企业应将承包商安全管理纳入内部安全管理体系。承包商应按照企业安全管理体系的统一要求,在安全制度标准执行、员工安全培训和个人防护装备配备等方面加强内部管理,持续改进安全表现,满足企业要求。

第三节 如何落实安全是被雇佣的必要条件的安全理念

杜邦安全训练观察计划(safety training observation program,STOP),是一

种以行为为基准的观察计划,能让人拥有达到安全绩效卓越的条件。STOP训练管理者采取行动,帮助员工改变某些工作行为,以达到安全的目的。它还能培养观察及沟通技巧,使管理者能采取积极而正面的步骤,确保工作场所更安全。实际运用STOP,将可以使工作场所安全绩效及员工沟通方面更上一层楼。到底采取STOP可以得到什么?如果遵照STOP的做法,就能看到:

① 伤害及意外事件减少50%～60%;

② 事故赔偿或损失成本的降低;

③ 员工安全意识的提升;

④ 沟通技巧的改善;

⑤ 督导及管理技巧的改善。

一、必须首先接受安全训练观察计划

1. STOP的安全理念依据

① 所有的工作伤害和职业疾病都可以预防;

② 安全是每一个人的责任;

③ 管理层要直接为预防工作伤害和职业疾病负责;

④ 安全是受雇的条件之一;

⑤ 训练是作业区安全的要素;

⑥ 安全稽核不可或缺;

⑦ 要加强工作安全实务,所有不安全的行为及环境必须立即改正;

⑧ 工作伤害和职业疾病,以及可能造成伤害的事故都要加以查明;

⑨ 非工作时间的安全是整体安全工作的重要一环;

⑩ 伤害和职业疾病的预防是值得做的事情。

安全训练观察计划要成功,人是最关键的因素。STOP将帮助把上述安全理念付诸行动,当在实际运用的时候,将会发现上述安全理念在研讨安全作业实务的时候,产生了多大的效用。

2.STOP的运作方式

STOP每次进行一个阶段,各阶段循序渐进直到全部完成。过程共分七个单元,每个单元采用三种方式运作,分别为自我研习,观看录影带与团体讨论,以及现场实地练习。

① 完成自我研习。

② 参加团体讨论并观看相关的录影带。

③ 自己执行安全观察,并且与相应的STOP领导人利用安全观察卡做联合安全聚会。这会使自己所学实际运用于工作上。

④ 和小组成员们再次聚会，讨论个人现场实地执行的经验。

接受完整训练后，每位成员都会对执行 STOP 获得的成果坦然自信。这就很好地具备了安全是被雇佣的条件。杜邦 STOP 系统见图 5-1。

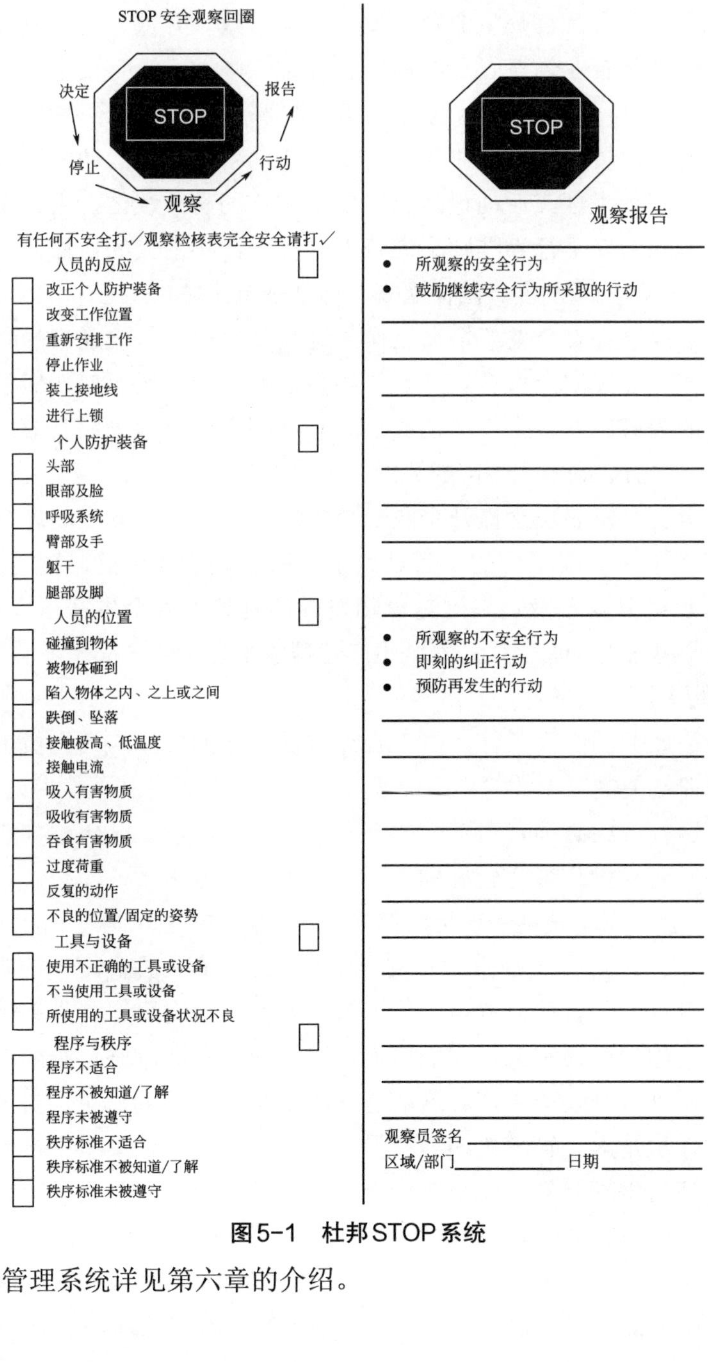

图 5-1　杜邦 STOP 系统

STOP 管理系统详见第六章的介绍。

二、我国企业的落实措施

1. 实行受聘的安全准入制

随着全球经济一体化，以及安全发展理念的不断深入，我国企业越来越认识到安全生产关系人民群众生命财产安全，关系改革开放、经济发展和社会稳定的大局。安全是企业经济发展的前提、基础、条件，没有安全就没有一切的理念正在深入人心。因此，安全是被雇用的必要条件也就不难落实了。

第一，让受聘员工参与企业的一切安全活动，使其在活动中逐步增强安全生产的自觉性和积极性。活动也是企业安全文化的有效载体，用安全文化的理念、核心价值观、安全行为准则来规范人的行为，陶冶人的情操，提升人的意识，使安全生产的规章制度、法律法规、标准规范永驻员工心中。

第二，切实搞好安全生产培训工作。这是落实安全是被雇佣的必要条件的具体步骤之一。通过安全教育培训，提高员工的安全素质，使他们掌握安全生产应知应会的内容，熟悉生产岗位的危险有害因素，进而采取有效的安全措施消除或控制，进而达到安全生产的目的。

第三，用安全发展理念提升企业安全管理水平。安全发展的理念诠释了企业的安全工作不是一成不变的，而是处于不断发展变化中的，随着发展变化，人的安全思想也要发展变化。这是事物发展的规律，安全生产工作也不例外。随着人的安全思想的发展变化，安全生产管理水平也就随之提高。

2. 安全培训是重要的条件

安全是被雇佣的必要条件，员工必须接受严格的安全培训，员工直接参与安全教育培训是关键。无数的实践证明，单纯靠改善设备并不能保证企业安全、高效、有序运行，还必须有高水平的管理和高素质的职工队伍。要实现人员的本质安全化，要求操作者有较好的心理、生理、技术素质，即想（具有强烈的安全意识）、会（安全技能+专业岗位知识）、能（能遵守制度+能创造安全环境+能正确操作设备），要加强本质安全化和法治教育，提高职工的安全科技文化素质。没有良好的素质，就难以保证安全生产。只有每个人具有较高的业务技术素质和强烈的生命观念，才能更加珍爱生命，不断增强自身的自主保护意识和能力，做到自觉安全生产。这就是本质安全型人员的思想。安全管理的主体是人，客体也是人，管理的动力和最终目标还是人。在安全生产系统中，人的素质（心理与生理状态、安全自保能力、业务技能、文化素质等）是占主导地位的，人的行为贯穿作业过程的每一个环节。因此，在本质安全管理过程中，企业必须尊重人、关心人、以人为本，采取必要措施，保障个人的利益，使大家找到归属感，最终形成本质安全管理"命运共同体"，推动本质安全管理的改善和提高。结合杜邦安全理念,要在三方面采取措施,以确保人的本质安全。如对绞伤事故的原因分析见图5-2。

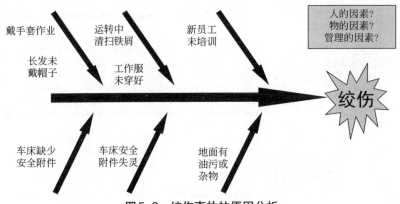

图5-2 绞伤事故的原因分析

一是在员工培训上,实行严格的准入制度,力戒走过场的形式主义,要注重培训和宣传教育,提高全员安全意识和技能,使员工由"要我安全"向"我要安全"转变,个人操作技能达到本质安全。

二是要通过"以人为本"管理理念和风险管理思想的渗透,提高员工风险防范意识,使员工具备风险应变和危险处理能力。

三是全员参与,责任到人,建立全员安全管理模式。全员参与创新安全型企业,不只是安全部门的事,更是大家的事,与企业每个员工的利益息息相关,企业的本质安全化只能依靠全体员工的共同努力才能实现。要鼓励员工积极参与到安全管理的各个环节,使员工认识到安全管理是大家的事,而不只是管理者的事,并具备安全管理的基本能力。

3. 必须落实员工参与安全管理

激励员工参与安全工作是企业安全管理的重要方面。在企业安全管理中,应用安全激励机制好的企业,安全管理层必然会全面参与其安全活动;每个员工致力于实现良好的安全成绩;安全的每一个方面都反映出管理层的激励效果及其对一线生产管理层的影响。最好的激励方法是使员工参与安全工作。要达到这种参与,可以通过让员工参与安全审核和事故调查、安全规章制度的制定、主持安全会议等。谨慎地使用纪律约束来确保遵守作业标准,也是一种恰当的激励手段。激励理论内容见图5-3。

为激励公司内部在安全、健康与环境保护方面表现突出,并为公司业务发展做出贡献的个人和集体,1990年,杜邦公司设立了"安全、健康与环境保护杰出奖"。获奖个人或团体代表都会获得公司奖励的5000美元。这笔奖金会以获

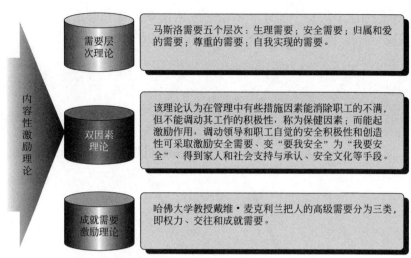

图5-3 激励理论内容

奖者的名义捐献给社会上的安全、健康和环境保护机构或有关的项目。除了物质激励以外，杜邦还在探索形式多样的其他激励办法。在某次杜邦（深圳）实业有限公司举行的系列庆祝活动中，所有的员工在上班时都在一个横幅上签下自己的名字，表示对安全生产的承诺。同时，总经理和厂长率领全厂的经理及主管向每一位员工致感谢信，感谢员工在过去的5000天中为工厂所做出的贡献，并和每一位员工亲切握手。反观现实，只罚不奖、罚多奖少是不少企业的做法，而奖励仅仅局限于金钱又使得激励陷入物质论的误区。事实上，激励是无处不在的，一句温馨的问候，一次别开生面的安全总结会都是有效的激励形式。归根结底，最有效的激励是员工的自觉参与，因为创造并享受参与的快乐才是激励的最高境界。

第六章 员工必须接受严格的安全培训

杜邦公司的十大安全理念之五是：员工必须接受严格的安全培训。安全教育培训是企业安全生产的半壁江山，没有安全教育培训，员工就掌握不到一定的安全知识，也就不能提高作业的安全技能，必然导致企业达不到安全生产要求。通过严格的安全教育培训，使员工逐步掌握安全操作技能、安全科学技术、安全文化理念、安全管理方法，进而达到安全生产的目的。

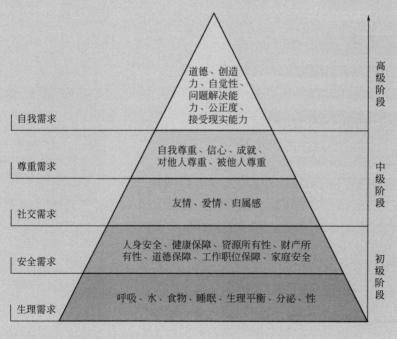

第一节 新员工安全培训问题分析及对策

杜邦公司企业理念的第一条就是重视人才,重视培训。有人试图了解杜邦公司在安全培训上的投入是多少,但却无功而返。事实上,就连杜邦公司的老总、财务经理也无法准确计算出企业在安全培训上投入的费用,因为在杜邦公司,培训是渗透在生产的每一个环节当中,如此持续的培训和开发的结果是员工素质普遍提高,"人员流动率"也一直保持在很低的水平。在杜邦公司总部连续工作30年以上的员工随处可见,这在美国也是很难得的。有人说,安全培训使杜邦公司成为世界一流的企业。

近年来,我国工矿企业工伤事故死亡人数每年都高达1万人以上,这种状况对构建和谐社会和经济社会发展都有很大影响。造成这种严峻局面的原因固然是多方面的,但多数事故的发生与一线作业人员安全意识差和整体素质较低密不可分。根据统计,近几年发生的各类事故尤其是高危行业发生的伤亡事故,90%以上是由人的不安全行为造成的,其中相当一部分是新员工。事实证明,解决这一问题最有效的办法就是加强安全生产教育培训工作,尤其是把住源头,加强新员工安全教育培训工作,着力提升新员工的安全意识和整体安全素质。

一、新员工安全培训存在的问题

1. 企业不重视新员工安全培训工作

现在,随着社会经济活动的日趋活跃和复杂化,特别是经济成分、组织形式日益多样化,生产经营单位已由国有企业、集体企业为主,变为国有企业、股份企业、私营企业、外商投资企业、个体工商户并存,这些企业对新员工安全教育培训工作的认识千差万别。不少国有企业陷入困境,安全欠账多,用于安全生产教育培训的有限资金也无法保证,使得许多新员工安全培训工作无法开展或走过场,而非公有制企业往往不情愿在安全教育培训上投入,加上政府用于新员工安全教育培训的资金渠道不畅通,各方面的原因造成了企业对新员工安全培训工作不重视。这样,就可能有相当数量的新员工未经过任何安全生产培训就上岗作业,致使这些人员成了安全生产中最大的事故隐患。

2. 新员工安全培训流于形式,缺乏针对性

企业新员工安全培训是在传统安全知识教育基础上的一种特殊教育。必须

根据接受培训对象（作业工种）的不同，采取有针对性、实用性的培训内容，这种特殊性就使得安全生产培训不能面面俱到。

　　培训只是一种手段，使新员工经过培训真正学到安全生产知识，掌握岗位操作技能，变被动不违章为主动不违章才是新员工安全教育培训的真正目的。因此，培训不能流于形式，要严格考核，注重培训效果。但是，就在当前，在新员工的安全教育培训工作中，办班种类繁多，不分培训人员层次，更不分专业要求。培训工作有别于学历教育工作，这项工作具有时间短、针对性强、与生产实际问题联系密切的特点。参加培训的新员工大多没有相关经验，对他们的培训要结合工作实际，真正解决他们缺乏工作技能的问题。只有这样才能达到培训时间短、见效快、回报率高的目的。采取在校大学生那样的系统的知识教育方式已经不适应新员工短期培训的要求。图6-1所示为杜邦公司实际安全教育。图6-1中作业人员在责任区内工作，正将一种具有腐蚀性的物质倒入桶内，该工作所需的个人防护装备如图6-1所示。请运用由头到脚仔细观察的技巧，观察该作业人员是否受到保护。从图6-1中可以看出，该作业人员有好多部位没有受到保护，如头部、手部、脚部等部位。这是杜邦公司最有效的安全教育方法，值得我们借鉴。

图6-1　杜邦公司实际安全教育

3. 培训不讲求实效，培训方法不适当

　　新员工安全教育培训工作作为一项事业非常重要，培训虽然是短期的，但不能有短期行为，它是一项非常重要的基础教育工作。每期培训少则几天多则十几天，但是接受培训的新员工的受益是多年的，甚至是一生的。教育培训结果如何，对接受教育培训的新员工本人、对企业的影响极大。有些企业和培训机构在培训过程中不注意加强新员工教育培训效果的研究和培训方法的创新，

教学内容不能紧跟安全生产形势和新员工需求及时调整；长期使用一个教学计划，内容陈旧，教学方法死板，又不能严格考核，完全流于形式，新员工无论考核是否合格，都可以拿到证书。新员工安全教育培训的要求按照有关法律法规的规定和企业安全生产的实际是最为合适的。如图6-2所示，这个图说明了许多涉及使用工具与设备的安全观察，管理者需要非常接近和悉心观察员工，才能看到他们是否使用正确的工具与设备、是否在良好的状况正确地使用工具与设备。而且管理者需要详细地与员工交谈，了解员工如何使用工具与设备。尤其对员工在作业中的细节、不易观察的地方，更需要认真执行安全观察。而后有针对性地进行有关安全教育培训，使这种教育有的放矢，使这种教育能够解决实际安全问题，进而取得实际安全效果。使员工把安全根植于头脑中，在工作过程中时时想着安全，真正做到了安全自觉，就能树立起安全自信。那么，工业生产中的安全工作就一定能达到理想状态。

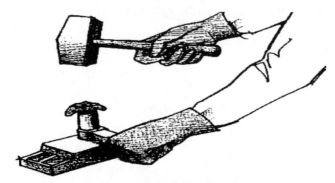

图6-2　工具中有安全缺陷

二、新员工安全教育培训应该达到的标准

1.具备必要的安全生产知识

一是学习有关安全生产法律法规，了解和掌握有关法律规定，依法从事生产经营作业。二是学习有关生产经营作业过程中的安全知识。生产经营是系统工程，涉及生产、运输、存储、经营等诸多环节，任何一个环节出现问题，都可能发生伤亡事故。三是学习有关事故救援和撤离的知识。员工在生命受到威胁的紧急情况下，必须具备有关紧急处置知识和自救知识，以便停止作业，紧急撤离到安全地点，防止人身伤害和事故危害扩大。

2.熟悉有关安全生产规章制度和安全操作规程

安全生产规章制度和安全生产操作规程是从业人员生产经营作业的规矩和守则，是企业进行安全生产管理的依据，具有很强的操作性。要通过对企业新员工的教育和培训，使他们熟悉这些规章制度和操作规程，自觉养成遵守规章制度，按照规程操作的良好习惯。这样，就能保证在生产过程中不出事故或少出事故，即使发生了事故，员工也会初步处理，达到保护员工生命和企业财产的目的。

3.掌握本岗位安全操作技能

经过教育和培训，要达到新从业人员掌握本岗位安全操作技能的目的。这也是检验和考核生产经营单位安全教育、培训质量和效果的主要标准。新员工对本岗位安全操作的技术和能力，必须符合安全生产的要求，做到"应知""应会"。如果敷衍了事，虽然经过了教育和培训，但是未掌握安全操作技能，照样容易引发事故。如图6-3所示，图中的不安全状况不外乎两个方面的原因：一是员工的不安全行为；二是自然的力量。从图6-3可看出，员工的不安全行为是主要原因。假如纠正了不安全的状况之后，知道是谁将推车放于淋浴器的下面，就应该与这位员工进行安全说服教育了。应使这位员工了解此不安全状况为什么具有危险性，并让其做出今后不犯的保证。这就是杜邦公司安全教育的魅力所在。

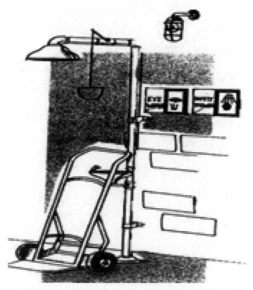

图6-3　淋浴器下面放推车的不安全行为

三、安全教育培训方法的改善

探索改善教学方式，提高新员工安全培训质量。根据企业生产实际需要及培训工作的实际，不断提高培训质量和受训效果，积极探讨新员工的安全教育培训方式和安全教育培训方法是当务之急。新员工安全教育培训的效果在很大程度上取决于培训教学方法的选择。

当前，企业安全教育培训教学的方法有很多种，不同的教学方法具有不同的特点，各有优劣。因此在教育培训中，更应注重突出针对性，改善教学方式，提高安全教育培训质量。

1.认真研究培训计划，做好课程设计

新员工培训课程的设计是培训的重点环节，培训课程的设计应遵循针对性、系统性、通俗易懂的原则。新员工初到企业，接受安全教育培训的意愿较强，要注重发挥其潜力，增强其对岗位安全生产重要性的认识。课程设计应紧紧围绕能够调动新员工激情、主动性、自觉性和责任感进行。在教育培训中重视营造浓厚的安全生产氛围，促进新员工在上岗之前就能树立起"我要安全"的思想观念。

2.丰富培训方法，做到"因材施教"

在对新员工的安全教育培训中，教育培训方法的选择应以集中学习为主，自主学习为辅。根据新员工刚到企业的特点，采用他们喜闻乐见、通俗易懂的培训方法，力求内容和形式的鲜活性，以丰富多彩的形式，激发他们主动参与的热情，活跃教育培训气氛，增强教育培训的客观效果。在教育培训中，通过开展专题讨论，使新员工在相互启发中安全思想得到统一，安全认识得到提高，工作错误得到纠正，安全知识得到充实。经常以小测验的形式，把安全管理规定、操作规程等内容，以填空、选择、简答、判断等题型发给新员工，让他们答卷，这样能提高他们学习理论的积极性，并起到相互督促的作用。此外，还可以通过开展竞赛、组织观摩、现场问答等形式开展对新员工的安全教育培训。如劳动防护用品的选择，就是杜邦安全培训的内容之一，见图6-4。

图6-4 将腐蚀性液体倒入混合槽中需要的个人防护装备

3.加强对新员工安全培训的评估与管理

工作实践是检验培训质量、结果的标准。因此，加强培训后的质量跟踪，开展评估和管理就非常重要。新员工安全教育培训结束后，企业的人事部门应对安全教育培训效果进行评估，将反馈的信息及时报告给安全教育培训主管部门，根据评估结果对培训内容、讲师、课程、方法、形式等进行调整。评估的办法包括访谈法、问卷调查法，就新员工安全培训的要求，调查新员工培训的效果。只有不断查找新员工安全培训工作中的差距和不足，不断进行改进和提高，才能不断完善培训方案，从而推动企业新员工安全教育培训工作。

四、杜邦STOP管理方法简介

杜邦安全训练观察计划（safety training observation program，STOP）是一种以行为为基准的观察计划，能让人拥有达到安全绩效卓越的条件。通过杜邦安全训练观察计划，可帮助员工改变某些工作行为，以达到安全之目的。它还能培养观察及沟通技巧，使人能采取积极而正确的步骤，确保工作场所更安全。实际运用STOP，可以使工作场所安全绩效及员工沟通方面更上一层楼。"主管的STOP"是专为各级主管所设计的，包括资深管理阶层，乃至第一线主管及小组领导人。STOP是个非惩罚性的计划，所以不该列入公司的一般的惩戒制度。

STOP是杜邦公司在HSE管理中提出的新的管理方式，已被世界上大部分石油公司和钻井承包商所采用。杜邦鼓励并倡导现场全体作业人员使用STOP卡纠正不安全行为，以达到防止不安全行为的再次发生和强化安全行为的目的。

1.关于STOP卡的主要理论

（1）所有事故都是可以防止的，安全是每一个人的责任。

（2）STOP是一种观测程序，通过观察人的行为，并且和雇员交谈关于如何安全工作的方法，以达到防止不安全行为和强化安全行为的目的。

（3）因为安全或不安全行为总是由人引起的，而不是机器，所以STOP卡将注意力集中在观察人的行为上。

（4）STOP基于对以往事故发生原因的统计分析结果。其中，人的反应占14%；劳动保护用品占12%；人的位置占30%；设备和工具占28%；程序和整洁占12%。

（5）几乎所有不安全状态都可以追溯到不安全行为上。

（6）一种错误的观点是提高安全管理成绩的唯一方法是纠正不安全行为。但是，肯定、加强安全行为和指出不安全行为一样重要。

（7）STOP安全观察程序是非惩罚性的，必须和组织纪律分开，或者说它不应和组织纪律相联系。

（8）当雇员知道其行为会威胁到他人生命安全时，或明知工作程序或制度规定却故意违反和不遵守时，就必须立即停止STOP的观察程序，而采取纪律惩罚手段。

（9）不要当着被观察人员写观察报告（STOP卡），不要把被观察人的名字写在报告里。因为目的是纠正不安全行为，鼓励安全行为进而预防伤害，而不是记录下所观察的人。不要让雇员感觉到观察意味着找他们的麻烦，在远离他们的地方填写STOP卡。不要让他们感觉到被记录下来，让他们知道卡里不会包括他们的名字。告诉他们可以看全部的报告。记住：目的是帮助雇员安全工作。

（10）STOP观察周：决定→停止→观察→行动→报告。

（11）树立高的安全标准，对雇员安全工作行为的最高期望值取决于所设立和保持的最低标准。

（12）关于STOP卡，当决定要做一次安全观察时，STOP卡是非常有价值的，在做观察之前，看一下观察卡，会提醒在观察过程中注意和寻找什么。做完观察并且和雇员谈过之后，用STOP卡对观察做出总结，然后存档。

（13）STOP卡上的类别顺序是根据所做的观察顺序来做的，是以人的行为基础来组织的。

（14）关于劳动保护用品（PPE），能够在工作当中正确穿戴劳动保护用品的人，也会遵守其他的安全规定和安全工作程序。反之，不能严格正确穿戴劳动保护用品的人，也不会严格遵守其他安全规定，或在工作当中也会无视安全规定。

2.运用STOP卡的目的

（1）大幅度减少伤害及意外事件。

（2）降低事故赔偿或损失成本。

（3）提高员工的安全意识。

（4）增强相互沟通的技巧。

（5）培养监督及管理的技巧。

（6）传达管理阶层对安全的承诺等。

3.STOP观察周的含义和原则

（1）决定　要注意员工如何遵守程序，准备做一次安全观察。

（2）停止　停止手头的其他工作，在距员工较近的地点止步。

（3）观察　按照STOP卡所列的观察内容和顺序，观察员工是如何进行工作，并特别注意工作的进行与安全程序。

（4）行动　与被观察人员进行面对面交流，特别注意他们是否知道并了解工作程序和操作规程，坚持非责备原则。

（5）报告　利用安全观察卡来完成报告。

杜邦STOP安全观察五部曲见图6-5。

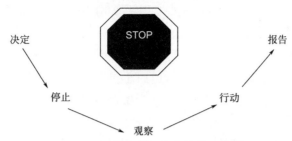

图6-5　杜邦STOP安全观察五部曲

观察原则：明白对员工的安全表现负责；设立对员工的最低安全标准；安全与其他要素等同等重要，甚至更为重要；对不安全行为立即纠正；采取行动防止不安全行为再次发生；沟通是STOP程序中十分重要的环节；让员工了解不安全行为的危害性；判断力是讨论安全与否的关键。

4. STOP的运用技巧

不要当着被观察人员写观察报告（STOP卡），不要把被观察人的名字写在报告里，因为目的是纠正员工的不安全行为、鼓励员工的安全行为进而预防事故和伤害的发生，而不是记录所观察的人，也就是我们常说的"对事不对人"。

在与员工进行沟通和交谈时要注意以下事项：提出安全问题并聆听员工回答；观察交谈时采用询问的态度；坚持非责备原则；和雇员双向交流，并在交流中赞赏其安全行为，鼓励其持续安全行为；了解其想法和开展安全工作的原因；评估雇员对自身角色和安全责任的了解程度；找出影响员工想法的原因；培养正面与员工交谈的工作习惯；了解工作区各种不同的工作场所涵盖的各种安全工作事务。

5. 如何在现场使用STOP卡

（1）做好使用STOP卡的宣传工作　STOP卡是一种在现场进行的HSE管理的新方式，要对员工做好宣传动员和培训工作，使大家对使用STOP卡有一个正确的认识，并能在工作中正确使用。

（2）STOP卡的使用　为便于雇员能及时正确使用STOP卡，各作业队、车间、工段、班组应将STOP卡放在员工容易拿到的地方或发给每个员工，使每个员工在进行作业前对照STOP卡进行必要的自我检查，或在作业过程中发现人的不安全行为和物的不安全状态后及时进行记录观察，以确保作业的安全。

（3）STOP卡的收集　各作业队、车间、工段、班组应在值班室、会议室或操作间等地方建立STOP收集站，员工将当天观察到的不安全行为写在STOP卡上投进STOP收集箱，由企业HSE监督负责收集，对于所收集的STOP卡要妥善保管。

（4）STOP卡的奖励　为鼓励员工积极使用STOP卡，每个作业队、车间、工段、班组对每月收集的STOP卡进行一次评选，对很有价值的STOP卡的观察者给予一定的物质奖励，以此促进现场安全管理和作业安全培训的顺利进行。

（5）STOP卡适用范围　STOP卡适用于员工不了解情况下安全行为的观察记录，是非惩罚性的。当员工知道其行为威胁到他人的安全时却故意违反安全制度和规定，或明知工作程序却不遵守时，就必须对其立即停止STOP观察程序，而必须采取相应的组织纪律惩罚手段。

第二节　加强员工实际操作能力，促进员工安全意识提升

安全教育培训是提高员工安全素质的有效途径，教育培训是一种有组织的知识传递、技能传递、标准传递、信息传递、信念传递、管理训诫行为。目前国内安全教育培训以技能传递为主。为了达到统一的科学技术规范、标准化作业，通过目标规划设定、知识和信息传递、技能熟练演练、作业达成评测、结果交流公告等现代信息化的流程，让员工通过一定的教育训练技术手段，来提高安全管理目标并达到预期的安全生产水平。安全教育培训是一项基础性、战略性的系统工程，从教育培训的意义讲，应达到预期的水平并提高其安全目标。而实际操作是教育培训的应用，现在的企业，特别是一些危险性较大的企业的安全工作显得特别重要。安全教育培训是搞好安全工作的有效载体。如何加强员工实际操作能力，促进员工安全意识的提升，是安全教育培训中亟待解决的难题。下面，笔者仅就加强员工的实际操作能力，促进员工安全意识的提升，谈点个人粗浅的看法。

一、摆正安全教育培训与员工实际操作的关系

安全教育培训既然是技能传递，师资队伍就显得极为重要，好的老师是增强技能成功的关键，以盲引盲是非常危险的事情，只有好的老师，才有好的学

生。现在师资存在着严重的问题，就其培训组织的现状，很难指导员工的实践工作。特别是专业的培训部门，只注重书本的传教，没有实际工作的经验。人并不都是生而知之的，只有通过不断学习，才能掌握熟练的技能，才能更好地工作。学习改变命运，危险化学品、煤矿、建筑施工等是高危险的行业，时时处处都与安全打交道，为此，安全教育培训是一项基础性、战略性的系统工程。安全教育培训不但要有好的老师，还要有好的学生。作为企业员工，人员素质参差不齐，这是不争的现实。就工业生产技术含量而言，除了一些特殊工种，是不难学会的。就安全培训而言，是向新员工或现有员工传授其完成本职工作所必需的相关安全知识、安全技能、安全价值观念、安全行为规范的过程，是由企业安排的对本企业员工所进行的有计划、有步骤的安全培养和训练。安全教育培训是解决这个问题的方法，员工安全培训是人力资源管理工作的内在组成部分，也是一种对人的投资。安全培训不单是针对新员工的一次性工作，而是一种经常化的制度。不仅新员工需要不断接受安全培训，管理者和领导者也需要不断充电。安全培训能够有效地开发员工自身的安全工作能力和安全素质，使他们在工作中感受到个人的成长和发展，从而激发他们对企业的忠诚感和献身精神。在教育培训中，要尽量使学习环境与工作环境相似，提供尽可能多的培训学习机会，也可以采用角色扮演、情景模拟、案例分析等培训手段，让受训者有更多的学习机会。现在我们多数企业缺失这样的场所，建议建立安全陈列室，让安全培训丰富多彩，员工喜闻乐见，改变那种枯燥乏味的培训模式。师带徒是最好的增强员工安全技能的有效途径。作为工友，他们在一起的时间最长，相互学习的机会最多，可以起到潜移默化的功效。岗位必知必做是增强员工技能的有效载体，是做好安全生产工作的有力保证。通过对必知必做的强力灌输，来提高员工的安全素质。某电网企业安全管理与安全文化教育流程见图6-6。

二、建立培训与学习岗位技能机制，体现责任、权利、利益

建立安全培训与岗位安全技能机制是抓好安全培训的有力保证。安全教育培训是两方面的事情，一是教师，二是员工。作为一级组织，必须有其独特的工作性质，培训就是以培训为主导，就培训而言，法律法规对安全培训有特别的要求。培训还是我国安全生产必须坚持的方针原则，它起到了提高员工安全素质，增强安全意识和安全法治观念的作用。作为教师必须先学一步，向书本学，向实践学。安全培训的关键是员工的现场实际操作。作为员工有义务参加

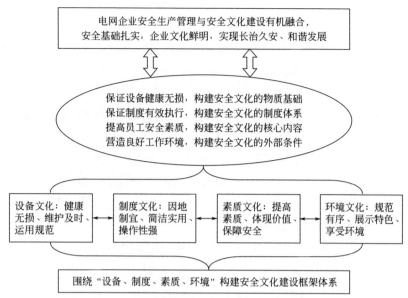

图6-6　某电网企业安全管理与安全文化教育流程

培训,而不是走过场,必须克服形式主义,要强化员工对培训教育的思想认识,树立"要我安全培训"到"我要安全培训"的思想观念,增强安全培训的自觉性和紧迫性。在安全培训后,没有达到安全培训效果,不能学以致用,而发生事故的,应该追究其教师的责任,安全教育培训教师要负连带责任。经安全培训的员工,能够独立作业并达到安全培训效果,教师有突出贡献的应予以奖励。

三、激励员工实际操作技能的发挥,规范员工严格执行岗位标准的行为

岗位安全技能的应用是实现人生价值的最好平台,因为员工的岗位是展示员工安全技能的现场,是员工工作的地方。安全技能的学习是养成良好安全习惯的方式方法,是完成工作强有力的保证。安全培训是安全学习的一种方式,是学的阶段,是浅学习。员工的实际操作,才是问题的关键,是习的阶段,是学的深化。激励员工实际操作技能的发挥,表扬员工学习技能,让员工产生学习兴趣,发挥员工的特长,释放员工的潜能,做到突出主题,张弛有序,掌控特性,规范员工严格执行岗位标准的行为,达到学以致用的目的。

美国《管理新闻简报》中发表的一项调查指出:68%的管理者认为培训不够而导致的低水平的技能正在破坏企业的竞争力,53%的管理者认为通过培训明显降低了企业的支出。随着激烈的市场竞争,迅猛的技术变革,要求提高生产力水平,我国企业界也开始重视培训的作用,并逐步加大了在培训上的投资。

但是，从我国企业培训的现状来看，普遍存在着以下问题：

（1）缺乏正确的培训理念。由于培训并不能直接产生经济效益，因此企业管理者对待培训随意性比较大，不能从企业战略管理的角度来看待培训，过分强调短期效应，使得培训缺乏长期、系统的战略支持，往往流于形式。

（2）缺乏系统的、分层次的培训体系。在企业发展的不同阶段，企业组织机构的不同层次对人员技能、知识和能力的要求是不同的，因此培训要系统、有序地开展，满足不同阶段、不同层次的需求，以确保在培训上的投入能最大限度地提高个人与组织的绩效。但在我国企业培训中却往往忽视这一点，往往造成不必要的资源浪费。

（3）培训针对性不强，培训的内容和形式枯燥，效率不高。从实践来看，我国企业在培训过程中，简单地把灌输知识、提高技能作为培训的全部或大部分，不能正确地分析员工是缺少知识、技能，还是需要转变观念，因此造成培训的针对性不强。由于培训针对性不强对培训的内容和方式造成负面影响，使培训的形式和内容较为单一，影响了培训的效果。

如何抓住企业培训的主要矛盾？我们以为，可以运用"木桶理论"进行分析。"木桶理论"的意思是：一只沿口不齐的木桶，它盛水的多少，不在于木桶上那块最长的木板，而在于木桶上最短的那块木板。要想使木桶多盛水，提高水桶的整体效应，不应去增加最长的那块木板长度，而是应下功夫补齐木桶上短的木板。

"木桶理论"告诉领导者：一个企业好比一只大木桶，企业的最大竞争力往往不只取决于某几个人的超群和突出，更取决于它的整体状况，取决于它是否存在某些突出的薄弱环节。当市场竞争不激烈时这一点恐怕还不明显，但随着市场竞争不断加剧，某些薄弱环节的瓶颈作用就会表现得越来越突出。

因此，运用"木桶理论"分析主要矛盾，就是要解决培训内容上的"最短的木板"。根据"木桶理论"，员工培训的重点应是不断找出并加长"最短的木板"。如果组成木桶的木板长短不一，那么要增大木桶的容量，我们可采取两种办法：第一是同时加长每一块木板；第二是只加长最短的木板。

相比之下我们很容易看出，要增大相同的容量，第二种方法比第一种要经济得多。有不少企业的员工培训工作不考虑员工实际水平的参差不齐，其培训过程像学校上课一样要求统一的模式，采取统一的进度。根据木桶理论我们知道这样做实质上采取的就是上述第一种方法，是很不经济的，它大大增加了培训投资但效果却不一定好，因为它缺乏针对性。因此，团队合作逐渐成为企业文化的重要组成部分，市场对这方面专业培训的需求水涨船高。

第三节 企业安全教育培训的理论和实践

总结多年来企业安全教育培训工作的经验,针对当前存在的问题,如何做好面向21世纪的企业安全教育培训工作,笔者认为必须深化改革,下大功夫花大气力在内容上求新,在形式上求活,在效果上求实。加强安全培训需求调研是增强培训效果的前提。要提高培训学员的积极性,提高培训质量,必须使安全培训内容和培训学员的需求一致,而达到一致的方法只有加强安全培训前的调研。如培训教师可结合本专业特点编制"安全培训需求调研表",从安全教育培训要求、安全教育培训内容、安全教育培训方法、安全教育培训后勤服务等方面进行问卷调研。在开始正式授课前要给授课教师留出一两天整合个性化需求的时间。这样组织的安全教育培训,无疑会受到培训学员的欢迎。当然安全教育培训也不能完全从企业和职工的表象需求出发,而应根据实际情况进行调整。

一、教育培训内容上求新

安全教育培训内容上求新,是企业新形势、新任务的要求。当前,我国的改革进入攻坚阶段,发展处于关键时期,在建立社会主义市场经济过程中,企业的安全工作中新情况、新问题不断出现,一些深层次的矛盾逐渐暴露出来,迫切需要企业干部职工学习安全新知识,开拓安全新思路,增强安全素质和提高安全创新能力。多年来,企业安全教育培训工作取得了重大成绩,但存在的安全问题也不容忽视。比如,相当一部分的干部职工还存在着安全理论素质不适应、安全业务能力不适应、安全精神状态和安全思想境界不适应的问题。如果再沿袭计划经济时期形成的老一套安全教育培训内容和方式方法,难以达到目的。所以,必须改革安全教育培训内容,增强教育培训的针对性和实效性,切实解决当前安全教育培训内容陈旧、重复,理论与实践分离等问题,必须树立以下三种观念。

1.树立大教育观

既要抓好安全理论、安全哲学的学习和运用,又要抓好安全知识、安全技能，特别是反映时代安全发展的新知识的学习和运用。安全理论素养是企业干部职工安全素质的灵魂，安全理论上的成熟是安全生产的基础。学习安全科学理论，用安全科学理论武装思想，必须作为企业安全教育培训的重点内容，这一点要坚定不移。但不能仅仅局限在学习安全理论上，还要引导企业干部职工"努力用人类社会创造的一切知识来丰富和提高自己"。学安全理论与学其他知识是相互贯通、相互补充、相互促进的。因此，既要切实抓好安全理论学习，又要抓好经济、科技、历史、法律及相关专业技术的学习。企业安全教育培训工作也不能局限在办班、开讲座、单纯搞培训上，还要与企业干部的选拔、职工的竞岗以及对干部职工的安全管理、安全监督有机结合起来，为全面提高企业干部职工队伍的整体素质服务。

2. 树立素质教育观

安全素质教育是以"面向现代化、面向世纪、面向未来"教育思想为指导，以提高全体干部职工的安全素质和安全创新能力为宗旨，以培养适应社会发展需要的人全面发展为核心的安全教育。高素质的企业干部职工，应该是德才兼备、综合素质全面发展的。企业安全教育培训内容要按照全面提高干部职工安全素质来设置，要体现安全教育培训与提高安全素质的统一，提高安全管理水平与安全业务能力的统一。要着力培养具有安全创新精神和安全创造能力的高素质人才，使企业的干部职工具有唯物辩证的安全思想方法和求真务实的安全工作作风，成为思想解放、实事求是，一切从实际出发，善于开拓创新的有用人才。

3. 树立终身教育观

终身安全教育培训是企业干部职工在一生中所受到的各种类型的安全教育培训的综合。终身安全教育体系是一个从幼儿安全教育到老年安全教育，从家庭安全教育到社会安全教育的一体化安全教育体系。企业干部职工的安全教育属于成年教育，是终身教育的一个阶段。终身教育观要求企业在做好干部职工的任职安全培训、转岗安全培训的同时，对新提拔到高一级领导岗位上的干部的安全教育培训，对新提拔到高一级技术岗位上的职工的安全教育培训，应有更高要求，使之在不同岗位、不同级别都有新的安全学习目标、任务、要求。并做好对参训干部职工的跟踪考察，坚持对企业干部职工实施不断的安全教育和有针对性的安全培训。

二、教育培训形式上求活

要培养适应新形势、新任务要求的高素质企业干部职工队伍，培养复合型、开放型、创新型人才，必须改变形式单一、方法呆板的多年一贯制安全教育培训方式，实行灵活多样的安全教育培训方式方法。

1. 改进安全理论学习

要坚持安全理论联系安全实践、指导安全实践，用安全实践来阐释检验安全理论，丰富发展安全理论。要引导企业干部职工带着问题学习安全理论，多角度、全方位、深层次地分析安全问题，深化对安全的认识。要把安全理论学习与总结安全生产经验、反思事故教训结合起来，同企业生产过程中"解剖麻雀"结合起来，达到在安全科学理论的认识和把握上有所提高，在运用安全科学技术解决实际安全问题的能力上有所提高。

2. 总结和借鉴安全生产中的成功经验

要把企业干部职工在安全生产中的成功经验和先进技术引入到经常性的安全教育培训中，努力使广大干部职工发扬和继承安全工作中的良好经验，吸取事故教训，做到在改造客观世界的同时改造主观世界，把企业安全生产作为自觉行动，真正做到安全自觉。

3. 坚持分层次、多渠道开展教育培训

在一个大型企业集团，涉及的层次比较多，专业比较多，要按层次、级别、专业、类别的不同情况，有针对性地实施安全教育培训，要因层而异、因行而异，安全教育培训的内容、方法、时间、要求应有所不同。绝不能千篇一律、千人一面，否则安全教育培训收不到好的效果，甚至能引起职工的反感，使安全教育培训工作前功尽弃。

4. 坚持日常安全教育与重点安全培训相结合

这里强调的是要突出安全培训重点。其中重点抓好各生产厂、生产车间一把手的安全教育培训，要特别重视行政一把手的安全教育培训。因为企业各阶层行政一把手是本单位安全生产的决策者，是安全工作第一责任者，也是企业集团领导层的重要人才来源，是最能锻炼人，又容易出现安全问题的一个人才层次。因此，这个安全教育重点必须突出。

5. 改进教学方式，灵活多样施教

要改变企业传统安全教育中"我教你学，我说你听"的单向灌输教学模式，引导受教育者主动、积极充分参与，调动教与学两个积极性。要探讨成人教育的规律和方法，推行场景模拟、案例分析、实地考察、答疑辩论、研讨交流、职工上讲台等方式，形成教与学互动、课堂内外并举、多种方式相结合的新模式，使企业安全教育培训在形式上活起来。心理学研究表明：兴趣是人们追求知识和接触某种事物发出的一种意识倾向，当人认识到某种事物和某种活动与自己的需要密切相关后，就会热情而耐心地对待它。因此，要搞好安全培训就要使培训内容更具有新意，更能引起培训学员的兴趣，使工人对安全问题有持

久的热情和耐心。

人的思维需要与当代科技进步创新的节奏合拍，当安全培训无视时代进步而习惯于几十年一贯制的内容与形式时，任凭培训教师在讲台上有多么辛苦，也不能引起培训学员的兴趣和重视。迫于纪律、制度的压力来听课的培训学员，对其培训的内容往往不感兴趣，漫不经心，这就导致安全培训事倍功半，劳而无功。

6.培训方法的创新

在培训方法上要打破过去"满堂灌"和"作报告"的做法，采用参与式的培训方法。培训者力求少讲、精讲，更多的是通过精心设计一些活动和案例，更好地启发、引导学员参与其中，强调以学员为主体，强调学习的过程、能力的提高、互相交流才有实质性的提高。

三、教育培训效果上求实

努力提高企业安全教育培训质量和实际效果，坚决反对学而不用、华而不实的形式主义，要切实保证教之有效、训之有效。这是企业干部职工安全教育培训改革的核心问题。当前，有些企业对安全教育培训重视不够，着力不多，以及工作上存在相当严重的形式主义等问题。这主要表现在安全教育的基础地位及安全工作的重要环节还未受到应有的重视；重生产轻安全的现象不同程度存在；安全教育培训与安全实际工作脱节；以安全教育表面上的轰轰烈烈代替安全工作过程中的扎扎实实；"学与不学一个样，学多学少一个样，学好学坏一个样"等不正常状况。对于这些问题必须采取有力措施，尽快加以解决。

1.坚持从严治学，从严治教

主要加强企业干部职工安全教育的各项制度建设，对入厂安全教育、日常安全教育、专题安全教育、任职前安全教育、调岗安全教育等制度，都要从严要求、从严管理、从严执纪。对这些企业安全教育培训制度，要以厂规的形式固定下来，作为企业安全生产的一道红线，任何人在任何情况下都不能触碰，都要认真贯彻落实。

2.严格规划管理

注重对企业干部职工安全教育培训需求的调查，做好教育课程的科学设置，并认真组织实施；要逐步研究建立企业安全教育培训质量评估体系，提高安全教育培训质量。现在，最为严重的问题不是企业搞没搞安全教育培训，而是安全教育培训工作是否真正起到应有的作用。因此，必须在真抓实干上下功夫，必须在取得效果上下功夫。

3.完善和健全约束机制

要尽快建立企业干部职工安全教育培训的考核制度，从量化责任、硬化考核、强化激励三个环节上把"教学、评学、考学"贯穿到企业干部职工的述职、评议、考核等管理环节中去，把安全教育培训的考核结果与干部职工的提拔和使用结合起来，使之成为促进干部职工安全学习的有效手段，进而提高企业干部职工安全教育培训的工作质量和效果。只有这样，才能贯彻落实好杜邦公司的这一安全理念。

总之，持续性的安全培训对所有员工来说都是重要的。培训应针对新员工，从其他工厂转来的员工，监督管理人员，承包商和临时工，以及正式员工的再培训。企业应该进行培训需求分析，制订具体培训计划和实施培训。同时，要检查培训的有效性。杜邦公司的新员工在开始工作前都要接受安全培训，以培养正确的安全意识。培训的内容主要包括杜邦公司企业策略与市场承诺、杜邦公司安全宗旨、工厂安全计划、厂区安全计划、工厂和生产区安全规则、职业健康概念、保护设备需求等，这些培训几乎涉及安全生产的方方面面。并且这些安全培训不仅针对新员工，而且贯穿于企业员工生产、生活的每个环节中。

第七章 各级主管必须进行安全检查

  杜邦公司十大安全理念之六是：各级主管必须进行安全检查。安全检查是企业安全生产的重要手段，通过安全检查发现影响安全生产的各类隐患，进而整改消除隐患，达到安全生产的目的。可以说，没有哪家企业不进行安全检查，但是，有的企业安全检查工作做得比较好，而有的企业就不尽如人意。究其原因，主要是对安全检查的认识问题。认识比较深刻的企业，对安全检查工作扎扎实实进行；认识比较肤浅的企业，对安全检查工作应付了事，其结果是完全不一样的。杜邦公司之所以能够成为安全典范企业，其根本原因在于他们的安全检查工作是落到实处的，是值得世人称道的。

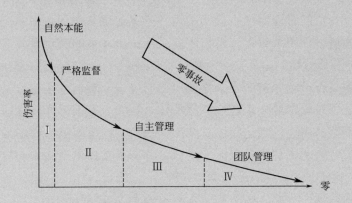

第一节 安全检查工作的基本要求

杜邦公司认为，96%以上的事故由人为因素造成的，假如片面强调投入，消除所有工艺上的隐患，而不解决员工行为，也只能解决4%的事故隐患。不抓人的因素，就不可能实现零事故。所以杜邦公司非常重视行为安全管理。在行为安全管理上杜邦公司有十项要素：一是要有管理层承诺，二是要有切实可行的政策，三是要有综合性的安全组织，四是要有安全目标，五是要有直线管理责任，六是要有严格的标准，七是要有双向沟通，八是要有有效的检查，九是要有专业安全人员，十是要有持续性的培训。

杜邦公司工艺安全管理有三个方面，一是技术方面，二是设备方面，三是人员方面。在技术方面，所有设备都有工艺信息，而很多人读了操作规程和技术信息后，却忽略了安全信息。为此杜邦公司安排专业人士，为员工讲解工艺安全信息。要让员工知道这样的流程、工艺风险在哪里，哪部分风险最大，这种风险发生时会出现什么样的现象。在设备方面，杜邦公司采取设备本质安全化管理，从控制事故物源入手，提出防止事故发生的技术途径与方法，对于从根本上发现和消除事故与危害，防止误操作及设备故障的发生具有重要意义。

杜邦公司对设备安全的管理贯穿于最初的设备方案论证、设计、生产、科研、技术改造一系列过程，要求对人、机和环境系统做出完美的安全设计，使系统中物的安全性能和质量达到本质安全程度。杜邦公司在人员方面进行把关，筛选新员工，要考虑是否符合职位的安全需要，要明确安全责任，使新员工从一开始就了解杜邦公司对安全的要求，这样容易使员工在心目中形成较深的印象。杜邦公司根据不同的岗位，制定岗位安全工作说明书，说明书中详细描述工作流程的每一环节对安全的要求及相应的责任，并向员工提供使用安全软硬件设施的要求及相关规定。

一、安全检查的目的与作用

安全生产检查应认真对待，使得安全检查活动能够真正起到作用，切忌走过场。实际上现场生产单位最讨厌流于形式、名目繁多的各种检查，那种不解决实际问题的检查，实际上是企业管理上的一大弊端。安全检查是担负重要使命的严肃安全管理工作,要有严格的要求、严明的纪律和明确的目的,绝不能不讲效果,把安全检查活动变成给基层增加负担、带来麻烦的"扰民活动"。对被检查单位来讲,对安全检查活动也要认真对待,要对查出的问题认真整改,绝不能表面上表示解决,实际上应付差事不解决。在检查中对那些老检查、老问题、老不改的"三老问题",一定要追究相关责任人,对因未及时整改而造成事故的,要从严追究,依照有关的法律法规严肃处理。安全检查占有很重要的地位,它是发现和消除事故隐患、落实安全措施、预防事故发生的重要手段,也是发动群众共同搞好安全工作的一种有效形式。

安全检查就是要对工厂生产过程中影响正常生产的各种物与人的因素如机械、设备、流程等,进行深入细致的调查和研究,发现不安全因素,以求消除。安全检查的目的在于发现和消除事故隐患,也就是把可能发生的各种事故消灭在萌芽状态,做到防患于未然。

在开展安全检查过程中,一般的做法都是把有关的条例和规范同企业的实际情况加以对照,总结成绩,找出差距,不断改进。由此可见,安全检查的过程,其本身就是一个结合实际宣传贯彻有关条例、规章和规范的过程。通过安全检查,使安全监察机关与广大职工群众都能自觉遵循安全与劳动保护工作规章、条例和安全技术规范,进一步发挥安全监督作用。

实践经验表明,安全检查能同时收到以下三点效果:

(1)宣传贯彻了党的安全生产方针和劳动保护政策法令,提高了各级领导和广大职工群众对安全生产的认识,端正了态度,有利于安全管理和劳动保护工作的开展;

(2)安全检查能及时发现和清除事故隐患,及时了解生产中的职业危害,有利于采取措施,消除危害,保护职工的安全和健康;

(3)在安全检查中能及时发现先进典型,及时总结经验。

总之,安全检查是一项群众性的调查研究工作,通过安全检查能更好地摸清工厂企业安全生产情况,及时发现先进典型,总结和推广他们的先进经验,带动全局发展。

二、安全检查的基本要求

(1)安全检查时被检查单位的安全生产第一责任者必须在现场。检查要认真严格,不能讲情面、走过场、走形式。

(2)每次检查要有准备、有重点、有针对性。最好是能以安全检查表的形式,列出检查的重点,检查的内容和项目,每项内容所占的分值,最好将检查的结果打分公布。

（3）要有下决心解决问题的思想准备。首先对发现的重大事故隐患，要坚决停产处理，不消除重大事故隐患不得生产。对查出的问题，要分析原因，追究责任，要批评教育，要坚持按制度办事，不徇私情，要严格按章办事，严肃处理；对一时解决不了的问题，要落实整改的时间、措施和责任者，即"三定处理"责任单。对发现的隐患问题，要填写《安全检查人员意见书》一式三份，送被检查单位和安全管理部门各一份。被检查单位按事故隐患排查制度认真整改和复查。

（4）检查时要做好记录，检查结束后要写出书面总结和填写"安全大检查整改安排表"，交有关单位，研究整改，并作为安全大检查以后的效果复查的依据。

事实证明，安全检查以后的跟踪复查，往往能起到督促整改的效果，并且是防止安全检查流于形式的一个重要措施和手段。

第二节 如何搞好安全检查工作

安全检查是搞好安全生产工作的重要措施之一。通过安全检查，可以及时发现生产中存在的事故隐患，并予以防范。检查包括查思想、查认识、查制度、查措施、查事故隐患、查劳动纪律、查安全技措经费提取、查劳保用品使用发放、查"三违（违章指挥、违章作业、违反劳动纪律）"现象、查遗留问题的整改等多项内容。检查方式分为日常检查、定期检查、专项检查、季节性检查和突击性检查五大类。安全检查的方法有自查、互查、抽查、普查和专门查以及上级部门的检查等。安全检查是提高认识、了解情况、发现问题、排查隐患的一项有效措施。通过检查，可以达到相互沟通，增强防范能力，交流经验，推动安全工作，促进安全生产的效果。多年来，国家一直高度重视安全生产工作，出台了多部加强安全生产的法规制度，对安全检查的形式内容和作用都做了严格的强调和要求，检查者本身对检查的方法和效果做了不少完善和改善，但安全检查所要达到的效果不很明显，只查不改、不落实，只是走走过场、搞搞形式的现象还很严重，这样就失去了安全检查的真正意义，甚至埋下事故隐患，起不到督促、指导、警示的作用。那么，应该怎样加强安全检查工作，提高检查效果呢？笔者结合安全管理工作中的实践，谈一下安全检查工作的个人观点和体会。

一、明确安全检查的目的

安全检查是及时发现隐患，消除不安全因素，交流安全生产经验，推动安全工作的一种有效安全管理手段。安全检查是手段，如何做好检查工作，要有思路、有计划，根据掌握的情况，重点检查范围、重点查什么都要搞清楚，不能盲目地去查，毫无价值地查，应该在检查前做到心中有数，这是检查者首先要解决的问题。在安全检查中，常有这样一种情况，检查者和被检查者只知道要检查的大概内容，对参与的那次检查的目的、意义并不十分清楚。这样的结果是时间久了，检查的次数多了，检查者习惯了，被检查者松懈了。因此，在每次检查之前，应采用开短会和现场会方式，结合实际向检查者和被查者讲明检查的目的、意义，让每个参与者明白，真正做到有的放矢。

二、改进检查方式方法

近年来，一些单位把纠正违章的次数作为考核安全管理人员工作成绩的一个重要依据，这对加大安全管理力度、确保现场安全生产起到了一定的作用。但有些管理人员对安全检查的指导思想不明确，为了完成指标，在安全检查的过程中，态度生硬，纠正违章的尺度掌握不好，导致被检查的员工产生对抗情绪。因此要加强对安全管理人员的职业道德教育，使他们端正安全检查的指导思想，由"以罚代教"转化为教育、提高，做到文明执法。在安全检查中不能片面追求抓违章的次数，要讲究工作方法，以理服人。对违章违规行为，不仅要坚决纠正，同时要向员工讲明不能这样做的理由，使他们懂得违章作业的危害性，自觉遵章守纪的重要性。

三、明确检查的内容

检查：职工的安全意识和安全生产素质是否达到要求；安全生产规章制度是否健全；是否将职工的安全与健康放在工作首位；各级领导是否把安全工作摆在重要议事日程；是否树立了"安全第一，预防为主，综合治理"的思想；是否坚持了管生产必须管安全的原则，安全机构是否健全，全员安全管理是否发挥作用；职工是否有较强的安全责任心，是否掌握安全操作技能和自觉遵守安全技术操作规程以及各种安全生产制度，对于不安全的行为是否敢于纠正和制止；是否严格遵守劳动纪律，是否做到安全文明生产，是否正确、合理穿戴和使用个人防护用具、用品；是否建立了各种突发事故应急预案，对应急预案是否进行了演练，是否发现有改进项等。

四、突出检查的重点

突出检查重点，做到有的放矢。单位安全检查组的人员要精干，业务要熟练，在每次检查前都应事先制订安全检查计划。安全检查的时间和过程都比较短，易造成走过场的情况，甚至漏检和误检。因此，对安全检查应当点面结合，突出重点。检查中应结合工作实际，防止在检查中走马观花、流于形式，如工程施工检查应把施工车辆、装卸机械、设备的安全装置作为检查的重点，保证各个安全部件完好无损，严禁使用报废或检审不合格的车辆和机械设备。同时要检查各级领导对安全工作的指示、要求和有关部门贯彻落实和执行情况；认真开展全员的安全知识教育培训，员工对安全业务知识的学习、讨论、运用和推广情况。认真加强安全工作的日常管理，杜绝"三违"现象，定期开展安全生产日常检查和专项检查。坚持安全工作关口前移，重点检查针对事故隐患的排查、防范和治理、整顿情况，对各项规章制度的制定、修改、执行情况。安全技术措施资金，加大安全资金投入，计划、安排使用等情况都是安全检查的重要内容。

五、讲究检查的方法

安全检查要克服形式主义，提高安全检查的技术含量。安全生产中的形式主义有多种表现，有的满足于一般化要求、一般化号召，安全检查工作重点不突出；有的习惯喊口号，搞花样，表面看声势很大，但不解决实际问题；有的甚至弄虚作假，为赢得上级满意，对查出的事故隐患说假话，报喜不报忧。有些现场管理人员敢抓敢管，检查时纠正了不少的违章行为，但经统计分析，大部分是一些简单、低层次的违章行为，缺乏技术含量，对一些潜伏着的危险因素未能及时发现，违反安全技术操作规程的行为未能及时制止。要提高安全检查的质量，就必须提高安全检查人员的技术素质。因此，建议单位对安全管理人员多组织培训，使他们熟悉各种机械设备、电气设备的技术性能，熟练掌握各工种的安全技术操作规程和各类货物的安全作业措施以及各类工器具的使用方法和报废标准，使安全检查人员在日常的检查中做到专业化，及时发现隐患，将各类事故消灭在萌芽状态。

六、发现安全问题

安全检查组要从规章制度、思想认识、方法措施、事故隐患、劳动纪律、遗留问题的整改等多方面进行检查。一是找出被检查单位的安全规章制度与上级要求规定和工作实际不相适应的地方及问题。二是找出被检查单位或个人在劳动纪律、到岗到位、执行制度等方面存在的不足或问题。三是在设备设施上发现问题，通过被检查单位现有设备维修、保养状况，找出设备设施方面存在的隐患或问题，以及生产组织上发现的问题。四是应从劳动现场及管理上查找或发现问题。五是对正在作业的现场抽查，查找或发现现场管理中存在的隐患或问题。六是采取座谈会的形式了解存在的问题，对被检查单位的生产安全、管理措施等方面综合调查，分析该单位在某些方面存在的隐患或问题，并科学地掌握其原因、危险程度、可能造成的危害和应对措施。七是要提出意见、落实整改。安全检查的最终目的就是要发现问题，解决问题，保证安全，促进生产。因此对发现的隐患，检查人员应及时向被检查单位或个人提出正确的处置意见。主要是：要做好整改和分析总结工作，发现的问题要定出具体的整改意见（包括整改内容、期限和责任人），并对整改结果进行复查和记录。要根据检查所了解的情况、发现的问题进行分析、研究、评估，以便对总体的安全状况、事故预防能力有一个正确的认识，制定进一步改善安全管理、提高安全防护能力的具体措施。对在检查中发现的隐患，要立即安排整改，不留后患；对查处的违章操作行为，要按照处罚规定严肃处理，绝不心慈手软。只有这样，才能使安全检查收到实际效果，确保人身、设备安全无事故。

总之，安全工作是一项系统工程，涉及多个方面，需要我们全方位、多层次地抓好、抓实此项工作，而安全检查工作，起着举足轻重的作用。只要我们采取正确的工作方法，结合工作实际、突出重点、灵活运用，就一定能够通过安全检查深化管理、预防事故，促进各项事业健康发展。

第三节 安全检查工作方法和程序

一、建立检查组织

要搞好安全检查，一般要有一个适应安全检查工作需要的临时性组织机构。目前的做法大致有以下两大类。

（1）检查的规模和范围比较大的，如中央部委、省市组织的大检查，可在中央有关部委，省、市安全管理监督部门或企业主管部门的统一领导下，组织有安全、公安、卫生、工会和生产有关部门参加的临时领导机构，下设办公室，具体组织检查工作。根据需要，组织若干分组，深入现场，发动群众，进行检查。省政府、市政府、产业和企业均已成立安全生产委员会，一般则由各级安全生产委员会组织领导这项工作。

（2）检查规模不大、内容比较单一的，如企业自查或在一个车间或班组内开展的安全检查或专项检查，一般就在厂领导、政府相关企业安全管理部门领导、车间主任或班组长的领导下，组织有工人、技术人员、安全员、工会等有关人员参加的检查组开展工作。但不管采用哪种形式，都必须有一名领导干部具体负责检查工作。领导应亲自抓，亲自参加检查。这样做，才能做到组织推动有力，解决问题及时。

二、做好检查前的思想政治工作

首先，要组织企业各级领导干部学习有关安全生产的指示和文件，联系实际，总结经验教训，提高思想认识，为搞好安全检查工作打下思想基础。其次，要做好参加安全检查人员的思想工作，可以举办短训班，明确安全检查的意义，安全检查的理论基础、技术支撑和方式方法，坚持群众路线。对广大员工群众，要做好宣传发动工作。安全检查本身就是一种群众活动，如果只有领导和安全检查人员重视，而无群众的积极响应，势必形成"上动下不动"的少数人搞检查的冷冷清清的局面。因此，必须广泛宣传，使安全检查成为群众的自觉行动，只有这样，才能暴露问题，解决问题，推动安全生产工作向前发展。

三、自查和互查相结合

自查是指在一个市、一个产业、一个企业组织，由领导与群众相结合所进行的安全检查。互查是上一级领导机关组织市与市之间、产业与产业之间、企业与企业之间、企业内的车间与车间之间开展的互相检查。自查是互查的基础，互查可以发现自查没有发现的问题，互相发现对方的长处和先进经验。互查互学、互相评比，使被检查单位有促进，检查者也有收获，互相学习，取长补短，共同提高。

四、坚持边查边改的原则

检查只是一种手段，安全生产才是目的。对于检查出来的问题，应该逐步加以解决。这样做，既达到检查的目的，又能鼓舞员工的安全生产积极性，进一步推动安全检查活动深入开展。在检查中,要特别注意发现和解决安全生产上的一些薄弱环节和关键问题。因为这些问题既严重影响工人安全、健康,又是生产发展上的重大障碍,解决起来比较困难,日积月累,往往就造成了安全生产上的"老大难"问题。这些问题如得到及时解决,对于调动群众积极性,推动安全检查工作的深入发展,大有好处。有的单位在每次检查时,首先查上一次检查中发现的问题和整改情况,这样做有利于促进企业重视整改工作,也是消除"老大难"问题的一种好办法。这实际上就是一个PDCA循环,见图7-1。

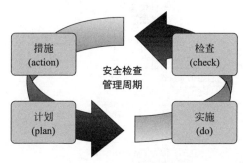

图7-1 安全检查管理周期

总之,一定要重视整改工作,争取做到边检查边改进,有些限于物质技术条件一时不能解决的问题,也要制订计划,限期解决。对于检查出来的问题,要做到条条有着落,件件有交代。在检查过程中,应发动群众、依靠群众,实行三定(定措施、定时间、定负责人)、"四不推"(班组能解决的不推车间、车间能解决的不推厂、厂能解决的不推局、局能解决的不推市)的原则。检查结束后,按企业隶属关系由主要部门逐条落实整改措施,落实不了的,再向省市反映,争取上级帮助解决,使检查出来的问题,特别是一些长期危害职工安全健康的重大隐患得以彻底消除。为了督促企业(车间、班组)搞好事故隐患整改工作,上级部门或企业常用事故隐患整改通知单的形式,通知被检查单位或部门。

五、安全生产检查的工作程序

企业安全检查程序见图7-2。

1. 安全检查准备

(1)确定检查对象、目的、任务。

(2)查阅、掌握有关法规、标准、规程的要求。

(3)了解检查对象的工艺流程,生产情况,可能出现危险、危害的情况。

(4)制订检查计划,安排检查内容、方法、步骤。

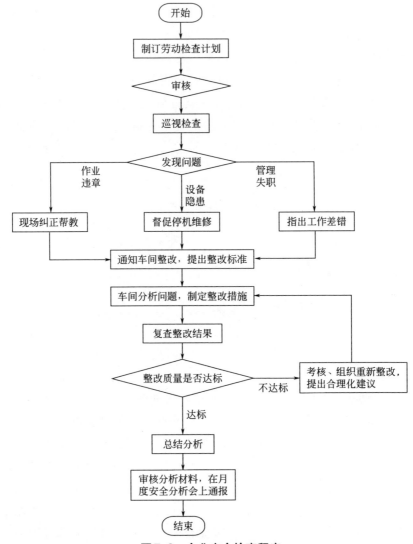

图7-2 企业安全检查程序

(5) 编写安全检查表或检查提纲。

(6) 准备必要的检测工具、仪器、书写表格或记录本。

(7) 挑选和训练检查人员并进行必要的分工等。

2.实施安全检查

实施安全检查就是通过访谈、查阅文件和记录、现场观察、仪器测量的方式获取信息。

(1) 访谈 通过与有关人员谈话来了解相关部门、岗位执行规章制度和安全技术操作规程的情况。

(2) 查阅文件和记录 检查设计文件、工艺规程、安全措施、责任制度、安全操作规程等是否齐全,是否有效;查阅相应记录,判断上述文件是否被执行。

(3) 现场观察　到作业现场寻找不安全因素、事故隐患、事故征兆等影响安全生产的人的不安全行为、物的不安全状态以及管理上的缺陷等。

(4) 仪器测量　利用一定的检测检验仪器设备,对在用的设施、设备、器材状况及作业环境条件等进行测量,以发现隐患。

3. 通过分析做出判断

掌握情况(获得信息)之后,就要进行分析、判断和检验。可凭经验、技能进行分析、判断,必要时可以通过仪器检验得出正确结论。

4. 及时做出决定进行处理

做出判断后,应针对存在的问题采取措施,即下达隐患整改意见和要求,包括要求进行信息的反馈等。

5. 整改落实

通过复查整改落实情况,获得整改效果的信息,以实现安全检查工作的闭环。

第四节　杜邦安全检查的做法

一、安全从清洁抓起

走进休斯敦杜邦工厂,映入眼帘的是整洁的道路、停车场、绿地和花草树木,成片的化工容器槽、反应塔和管线、平台攀梯整洁光亮。在某一平台栏杆上贴着一个标语:清洁就是安全。这个厂的HSE部门负责人介绍,这套装置是生产汽车玻璃夹层黏合剂的设备,是20世纪70年代初建成投产。几十年来设备还保养得如此清洁光亮,令我们惊叹。杜邦认为保证设备设施清洁就是保证安全的前提,整洁的工作场所是安全工作的基础。杜邦要求员工像打扫自己的房间一样打扫工作场所。保持整洁、优美的工作环境可以让员工心情舒爽、不易疲劳。在杜邦工作房屋、设施前设有汽车防撞装置,控制室及操作台现场整洁、物品摆放有序。他们认为设备设施的安全检查、人工巡回检查非常重要,每隔一定时间责任人都应做好安全检查记录并得到确认。

杜邦安全检查的具体做法:

1. 正常的年度安全检查

实施每年四个季度制定的安全计划。即一季度内部审核、隐患排查与事故调查；二季度操作程序正确性的现场督查审查；三季度培训审查承包商安全性；四季度按审查表对照审查分析工艺操作信息。

2. 现场安全检查

对现场发现的问题、隐患发展趋势及可能性进行描述、分析，预警可能出现的事故；两周后给出一个安全审核报告草案，四周出具正式检查报告。

3. 第三方安全检查

2~3年请第三方或政府权威机构进行安全状况评估，预警不安全事态进行改进，以确保安全生产。杜邦行为安全观察见图7-3。

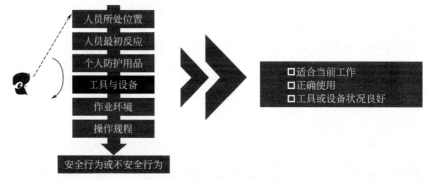

图7-3 杜邦行为安全观察内容

二、杜邦现场安全管理实例

1. 事情的起因

杜邦某化工装置开工后不久，在吊装一个不锈钢的罐体前，根据图纸和安装位置，项目施工员编制了施工方案（MS），确定了履带吊的位置，获得了业主工程师的批准。施工中，履带吊驾驶员在吊起罐体时，从指示器上发现实际罐体比设计图纸上的重量多了几百公斤，为安全起见，履带吊往前移动了一下，这时正在现场的杜邦安全经理立即要求停车，将罐体放下，并要求停止所有的作业，要在现场做安全分析，并要做出处罚。其理由是驾驶员未能按施工方案执行。在分析中，驾驶员怎么解释都没有用，杜邦安全经理和业主工程师都认为即使是要起重，也只能是驾驶员先停止工作，提出问题，重新编制MS，并经批准后，方能按新的方案实施。因此，要求停产整顿，并写出检查。当时，驾驶员觉得很委屈，认为起重（后经分析是由于罐体在水压试验后的残留造成的）不是驾驶员的原因，移动是为了保证吊机和设备的安全，为什么还要受到停产处罚和做检查。后来经过杜邦经理和项目部的共同讨论，对此进行了多方面的分析，大家才统一了思想，认为杜邦安全经理的做法是正确的，更是安全的。项目部在做出检查的同时，重新编制了MS，得到了杜邦安全经理和工程师的批准，停工半天后，按新的方案重新开始吊装。此事看起来是小事，但给工程项目部全体员工的教训是十分深刻的，他们在今后的MS编制中，各种因素尤其是不确定因素会考虑的更加周到，执行中也将会更加认真，进而促进和保证整个工程的顺利完成。

2. 杜邦工地的两条硬性安全规定

一是每天上午9时，各施工队伍的安全管理人员在杜邦安全经理的带领下，对各施工队伍的现场安全生产情况进行检查，对查出的问题当场记录并开出整改单，整改情况要由杜邦安全经理（助理）落实检查。二是每周五上午9时，各施工队伍的项目经理和安全管理人员一起参加杜邦安全经理组织的安全检查。下午，杜邦安全经理、各施工队伍项目经理和安全员对一周的安全检查情况作讲解。在此规定下，各施工队伍的安全管理人员上班后，即要对本单位的安全生产情况做全面检查，以保证在上午9时的检查中能少发现违章和隐患。在下午主要检查整改落实的情况，这样，安全员的工作职责就自觉地得到落实。

3. 杜邦的两条安全检查规定

杜邦公司的两条安全检查规定：一是每周末检查结束后，安全经理会汇总一周的检查结果，按施工单位违章违纪的情况、不安全工作环境和不安全行为以及整改情况作分类统计，在会上做分析，并形成图表，发到各施工单位。二是在每周各施工单位的工程协调会上，第一个发言的就是安全经理，对该单位的一周安全统计分析，并提出下周安全管理、安全检查的重点工作。

4. 对施工人员公布处罚条款

在杜邦安全经理对施工人员的培训中，明确提出对各类违章违纪的处罚条款，处罚由罚款到清除出工地。各施工项目部都在安全教育中和施工小册子中，也明确了各类安全处罚条款，尽管多次重申，在某项目部施工队伍中，还是先后有4人被清除出工地。严肃的安全纪律加上严格的执法，使员工的安全意识不断提高，不安全行为逐步减少直至杜绝。

通过严格的安全检查和安全管理，原来在杜邦工程中标时，项目部人员最大的担心是杜邦严格的安全管理制度可能会影响工程施工的进度，结果证明，不但施工安全得到了保证，某工程在7个月的施工中，无一例轻伤事故的发生，而且工期也满足了合同要求，得到了业主的充分肯定。实践证明，安全管理和施工进度并不是互相制约的，相反，严格进行安全管理不但能杜绝事故，还更能促进各方面的管理工作，进而提高工程的管理水平。

第五节 安全检查的具体方法

一、安全检查不能避重就轻

安全检查作为一项综合性的检查制度,它对安全生产工作的督促指导作用是显而易见和广泛积极的,把它运用好,发挥好,不仅可以改善和促进安全生产工作,而且可以预防和减少各类事故的发生。但是,近年来,尽管对安全检查的形式内容和作用都做了严格的强调、要求,检查者本身亦对检查方法和效果做了不少的完善和改观,但安全检查所要达到的效果总是不很理想,避重就轻、蜻蜓点水现象越来越多,以至于安全检查的发现、督促、指导、警示作用没有得到应有的发挥。这不利于调动积极性,推进工作,更不利于党的安全生产方针、政策的贯彻执行,影响不小,不加整改,不利于安全,不利于发展。针对安全检查的现状和存在的问题,采取必要的措施、方法和手段,充分发挥其检查、督促、指导等有效作用,是当前安全检查工作必须认真加以思考、研究和正确回答的问题。那么,应该怎样加强安全检查工作呢?笔者根据多年来的安全检查工作经验,结合现状,提出安全检查工作的个人观点及体会。

安全检查必须要明确目的。这是检查者首先要解决的思想认识问题。要检查什么,通过检查要达到什么目的,产生什么样的效果,作为检查人员,应该做到心中有数,不可无的放矢。安全检查要克服形式主义,收到实效,并做到由此及彼、由表及里,真正体现安全检查的监督、指导作用,必须采用符合实际的方法,那种"一问、二看、三谈、四查"的习惯做法,虽然也有一定的作用,但往往只能查表面,不能从根本上解决问题,不适应实际工作的需要,因此,亟待改革并注入新的活力。运用安全检查可以促进生产和经济工作的向前发展,同时也是新形势下高标准的工作需求,极有研究和推广的必要。

二、查事故隐患的方法

任何事故的发生都是一个由量变到质变的过程,安全生产管理工作就是要遏制不利因素的量变发展,防止其质的突变。而要实现这一目的,关键是要能及时发现事故的苗头和隐患,以便"对症下药",防患于未然。在这里,总结归纳了以下几个查找事故隐患的方法。

（1）网络"群查"法　更新时空观，延伸管理的"触角"，建立安全生产督查网络，发动干部职工群众群策、群查、群防。安全生产管理是一个复杂的系统工程，必须依靠方方面面的力量才能得以保证。因此，各单位要建立有效的群众性检查监控网络，充分发挥基层单位党、政、工、团和班组安全员、工会劳动监督检查员等各种组织、人员的职能作用，广泛调动干部职工群众预防事故的积极性和能动性，让每一名干部职工群众都睁大眼睛、打起精神，同心协力查找工作、生产、生活中的事故隐患，真正做到有利于安全生产的话语有人讲、事情有人管、隐患有人找，使安全生产工作的每一个环节、每一具体事和具体人，都能尽收"眼底"，控制在有效的安全范围之内。在查找事故隐患过程中，不能把精力只盯在一人一事、一时一地上，必须更新时空观，即在时间上，把安全生产督查的视线由身边向远处延伸，使安全生产"触角"沿着事物发展变化的轨迹，贴住其"脉络"，实施全时、全程的监控，具有科学的前瞻性和超前性；在空间上，由点到面扩大，既要做好岗位和登记在案的危险源（点）的事故预防，又要以此为基本依据，撒开"大网"，把平时司空见惯、习以为常的问题都网在其中，逐一进行检查，防止出现漏洞。

（2）身心"体察"法　单位领导和安全监管干部要放下架子，走进一线，体察一线职工群众的疾苦，掌握其真实的思想动态和一线安全生产信息。人员管理是安全生产管理的"重中之重"。管住管好所属员工，安全生产才有保障。这就要求企业单位领导和安全监管干部要十分重视职工队伍的思想管理。要放下架子，深入到一线，与职工群众打成一片，做到"一天三班倒，班班见领导"，在跟一线职工群众甘苦与共、风雨同舟中，真正体察他们的疾苦。要善于与职工群众交朋友，敢于敞开心扉，用真情实意换取职工群众的肺腑之言和逆耳之语，用强有力的思想政治工作，激发职工群众"主人翁"的责任感和使命感，将职工群众的思想紧紧统一在单位发展的大旗下。要广泛深入地开展"当一天义务安全员"等活动，单位领导和安全监管干部要深入一线厂房、工地、车间，在亲身实地体验中，通过眼看、耳听、亲手操作，掌握一线真实资料信息，以便在教育、资金投入、加强和改进工作上采取有效措施。

（3）循规"校查"法　要用法律法规、条例和操作规程这把"尺子"，全面检查、校正安全生产制度落实上的偏差。《安全生产法》是用无数鲜血和生命换来的经验总结，是安全生产的根本法典。《安全生产条例》是《安全生产法》的延续和具体规定要求。操作规程是经过论证，并经反复实践检验，总结出来的科学经验。在法规、条例面前，没有特殊的团体和个人；在生产操作规程面前，来不得半点马虎。不能因为特殊利益、个人感情或暂时的困难，降低落实法律法规、按章办事的标准，更绝不允许肆意践踏法律法规的恶性行为的发生，必须原原本本、逐条逐款地抓好落实。因此，在安全生产管理过程中，单位领导、安全监管干部要牢固确立"安全第一，预防为主，综合治理"的方针，在建设、规划、部署等生产环节中，严格按法规、条例和操作规程进行。经常对照法规、条例和操作规程，进行全面细致的检查，对有悖法规、条例和操作规程的做法，必须及时、坚决予以"校正"。如生产经营单位的负责人、安全生产管理人员和从事危险作业人员的安全生产教育培训工作问题，《安全生产法》和《安全生产条例》都有明确、具体规定，对企业单位教育培训的计划、时间、地点、内容、人员和考核验收情况要逐一对照进行检查。对危险源（点）的监控工作，监督控制的方法提出了"六定"具体要求，即定点、定监控内容、定标志、定检查周期、定责任人、定责任。在对危险源（点）检查时，这六项内容一项都不能缺少。对于大型机械的操作使用，在检查时，尤其要注意纠正那些片面追求捷径的"小聪明"式的"土规定""土做法"。凡不符合法规、条例和规程规定的，都是事故的隐患，就有可能出现事故，严重的还会导致伤亡事故的发生，必须立即制止，坚决纠正。

三、企业安全检查要点荟萃

1. 企业安全检查形式

（1）综合性安全大检查　由厂（公司）领导负责，根据企业的生产特点和安全情况，组织发动广大职工群众进行检查，同时组织各有关职能部门及工会组织的专业人员进行认真细致全面检查。

（2）专业性安全检查　专业性安全检查针对易发生事故的设备、场所或操作工序。除在综合性安全大检查时检查外，还要组织有关专业技术人员或委托有关专业检查单位，进行安全检查。检查时应有方案，有明确的检查重点和具体的检查手段和方法。

（3）季节性安全检查　根据季节特点和对企业安全工作的影响，由政府相关部门组织有关人员进行。如雨季以防雷、防静电、防触电、防洪、防建筑物倒塌为内容的检查；夏季以防暑降温为内容的检查；冬季以防冻保暖为内容的检查。

（4）日常性安全检查　按检查制度规定，每天都进行的贯穿于生产过程的检查。主要有安全值班领导和安全技术人员巡回检查；班组长、操作者的现场检查，以辨别生产过程中一切物的不安全状态和人的不安全行为，并加以控制。

2. 企业安全检查内容

安全检查是依据党和国家有关安全生产的方针、政策、法规、标准以及企业的规章制度,通过查领导、查思想、查制度、查管理和查隐患,对企业安全生产状况做出正确评价,督促企业及被检查单位做好安全工作。

(1) 查领导 就是在检查一个单位的安全生产工作时,首先要检查领导对安全生产是否有正确的认识,是否真正关心职工的安全健康,是否重视安全工作,并纳入重要议事日程;是否能正确处理安全与生产、效益的关系;能否坚持"三同时""五同时""四不放过"的原则办事;企业有无长期安全规划和年度计划;安全技术措施经费有无保证等。

(2) 查思想 就是查企业全体职工是否牢固树立了"安全第一,预防为主,综合治理"的思想。各有关部门及人员能否做到当生产、效益与安全发生矛盾时,把安全放在第一位。

(3) 查制度 就是查企业的各项制度和操作规程是否建立健全,内容是否正确、完善,并能否严格执行。

(4) 查管理 就是检查企业的安全生产管理状况,即查安全组织管理网络、全员管理、目标管理和生产全过程管理。

(5) 查隐患 就是深入生产作业现场,查管理上的漏洞、人的不安全行为和物的不安全状态。

3. 企业安全检查的工具

实践证明,安全检查的最有效工具是安全检查表。它是为检查某一系统的安全状况而事先拟好的问题清单。根据安全检查的需要,可以编制各种类型的安全检查表,其中有针对企业综合安全管理状况的检查表,针对厂内主要危险设备设施的检查表,针对各不同专业类型的检查表,还有面向车间、工段、岗位不同层次的安全检查表。对于新设计的工艺设备,还可以编制设计审查用检查表。编制检查表的主要依据是国家的法规和技术标准、企业的安全生产规章制度。同时,还应考虑企业安全生产的实际。编制安全检查表的人员应当是熟悉系统或该专业工作的安全技术人员、工程技术人员和操作人员。按照安全检查表进行检查,可以提高检查质量,不致漏掉重要的危险因素。安全检查表的编制、使用、修改完善过程,实际是对安全工作不断总结提高的过程。通过多年实践,可以形成一整套安全检查表标准,提高企业安全管理水平。

4. 不可忽视的复查

复查是对安全检查成果的巩固和检验,复查一般要注意两个方面,一是对重点环节的复查,二是狠抓检查中发现问题的整改落实。检查是手段,目的在于发现问题、解决问题,应该在检查过程中或以后,本着自力更生的精神,发动群众及时整改。整改应实行"三定(定措施、定时间、定负责人)""四不推（班组能解决的不推到工段；工段能解决的不推到车间；车间能解决的不推到厂；厂能解决的不推到上级）"。对于一些长期危害职工安全健康的重大隐患，整改措施应件件有交代，条条有着落。为了督促各单位搞好事故隐患整改工作，常用"事故隐患整改通知书"，指定被查单位限期整改。对于企业主管部门或政府相关部门下达的隐患整改通知、检查意见和指令，必须严肃对待，认真研究执行，并将执行情况及时上报有关部门。

四、安全检查关键在整改

对一些事故进行分析，不难发现，许多事故的发生都是由事故隐患未及时整改造成的。由此来看，安全检查的目的不仅仅是发现事故隐患，整改才是关键，是消灭事故、达到安全生产的关键。在生产过程中，有些单位为了抢时间、赶速度，往往发生一些习惯性违章行为。针对这种情况，许多单位的安全检查人员经常深入生产一线，检查出了许多事故隐患，并按照相关的安全规定进行了相应的处罚。但对查出的事故隐患，仅仅下发一纸整改通知书或简单"一罚了之"是不够的。对隐患是否整改不管不问，以致造成事故隐患依然存在的现象急需引起注意。另外，有些基层单位对自己本身存在的事故隐患也是清楚的，但考虑到眼前利益，存在应付上级检查的现象，往往是上级检查时一个样，检查完时又一个样。对检查出的问题不是积极整改，而是采取当面一套背后一套的消极欺骗做法。针对这种情况，作为上级检查部门，在检查时绝不能停留在表面或流于形式，绝不能简单地把查出隐患作为目标，而应把重点放在事故隐患的督促整改上。对那些应付检查、对检查无动于衷或到期不整改的单位或个人，除了通报批评、罚款以外，还要采取待岗或下岗的做法，让他们真正对隐患整改工作负起责来，及时消除隐患。只有对发现的事故隐患切实加强整改，才能真正达到安全检查的目的。

下面是杜邦公司的两个安全检查例子。

【例7-1】 基于系统管理的第二方审核制度：由杜邦总部派人组成稽核小组到各厂进行稽核，包括控制程序安全、一般安全、职业健康、防火、环保、运输六种稽核。稽核频率根据工厂制程的危害特性、工厂意外事故发生的频率及严重性来决定。其中的控制程序稽核使用专门设计稽核检核表逐条逐项以文件审查、人员访谈、现场查核去考评，检核项目执行的情况，并以打分数形式表示其执行绩效。稽核结果包括分数绩效、总评和现场观察发现的缺点三份报告。分数绩效以实得分的百分比率来表示，此即为量化绩效的部分；总评报告中，会把工厂的优点及重大缺点根据公司政策、法令规定及杜邦公司的安全准则加以评论，用以说明其优缺点并要求改进。现场观察发现的缺点，每一缺点都有改善建议,被稽核单位必须依照改善建议执行并报备。这三份报告即工厂在制程安全管理上的绩效。

【例7-2】 基于行为管理的"作业安全观察(behavior observation safety, BOS)"。90%以上的伤害事故是源于"人的不安全行为"。BOS要求主管人员对自己部属进行行为安全观察与改正,当观察到员工的不安全行为(unsafe act, UA)时,主管人员要立即与员工沟通,以改正员工的不安全行为。不安全状况(unsafe condition, UC)是人员不安全行为的结果,主管也必须追究并找到造成不安全状况的人并与其沟通面谈,面谈的目的是告知他的错误,并教给他正确的做法(不是为了指责他),以提升员工的安全知识与观念。把安全观察的结果转换为安全绩效指数(safety performance index, SPI),即把不安全行为与不安全状况(UA/UC)依其严重性加以量化。比如,轻微的1/3分,中度的1分,严重的3分,分别乘以观察到的UA/UC的数目即得总分数,再除以当月观察人数以求得不安全绩效指数。事实上,杜邦公司的STOP(safety training observation program)就是安全检查的有效形式。安全管理者有责任注意周围的安全情况,当发现其他人有不安全的行为,或是存在不安全的环境因素时,安全管理者(不是"别人")必须立即采取行动进行制止和改正。在某种意义上,安全管理者就是附近区域的安全经理。当安全管理者学习去注意、询问、观察自己和周围其他人如何工作,就会更加留意工作区域的安全情况,与此同时,安全管理者就能更好地辨别和消除可能引起伤害的因素。

为提高安全检查的质量,杜邦公司委派专人设计出"杜邦全新高级安全培训及监察制度(简称杜邦全新高级STOP制度)",该项制度在提高安全生产管理水平方面发挥了重要作用。若在生产中发生了事故,杜邦公司利用STOP制度全方位地分析事故发生的原因以及事故的影响程度。这些分析总结不仅能准确评估事故本身,使出现事故的单位避免再次发生此类事故,而且也能为其他的杜邦公司生产企业敲响警钟,提供信息,从而做到防患于未然。

图7-4说明了杜邦公司10年损失工作日的统计结果。

图7-4的杜邦公司10年统计结果显示:不安全行为几乎是造成所有伤害的主要原因。这个重要的发现可与其他机构的统计结果相互对照,其意味着造成或引起伤害大部分来自冒险行为,而非不安全的状况,这就是要以STOP制度去观察人员行为的原因。"主管的STOP"是专为各级主管所设计的,包括从资深管理阶层,乃至第一线主管及小组领导人。STOP是个非惩罚性的计划,所以不该列入公司的一般惩戒制度。因此,了解了杜邦公司的安全训练观察计划之后,各级管理者应该在安全检查过程中,运用杜邦公司的这种方法去搞好本企业的安全检查工作。

"损失工作日伤害"与"受限工作日伤害"
杜邦公司10年的统计结果

不安全导致：	伤害率
个人防护装备	12%
人员的位置	30%
人员的反应（人员的行动）	14%
工具与分配	28%
程序与秩序	12%
总计：由不安全行为造成的伤害	96%
总计：由其他因素造成的伤害	4%
	100%

"损失工作日伤害"的定义为人员因伤而无法工作一天或一天以上的伤害。"受限工作日伤害"的定义为：人员因伤而使其工作能力或执行日常所分派的作业的能力受到限制，但该人员仍保有执行其他若干业务的能力。在一些训练课程中，你将会遇到"损失工作日事件"与"受限工作日事件"等名词。而"伤害"这个名词也将在STOP的训练中不断出现。

由不安全行为造成的伤害96%

由其他因素造成的伤害4%

图7-4　杜邦公司10年损失工作日的统计结果

第八章 发现事故隐患必须及时消除

　　杜邦公司十大安全理念之七是：发现事故隐患必须及时消除。众所周知，隐患是企业安全生产的大敌，隐患不排除，安全生产就只是一句空话，只有彻底消除隐患，安全生产才有保障，这是被实践反复证明了的真理。

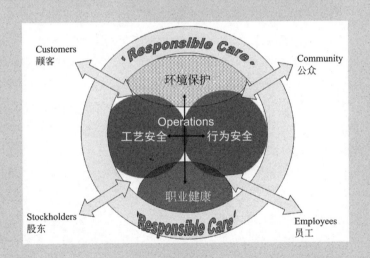

第一节 构建事故隐患排查治理体系的意义

杜邦公司的研究显示，绝大多数伤害和事故是由员工的不安全行为造成的。一个注重消除这些不安全行为的计划能够极大地提高安全业绩。针对工作中的员工的现场审核，能够在不安全事故习惯或行为造成伤害前提醒员工和经理，以避免事故的发生。安全审核是一线生产经理的职责。一线生产经理必须频繁地进行正式和非正式的审核，以及时发现员工在工作场所的不安全行为并加以纠正，防事故于未然。一般认为，只要是人类活动，就必然存在活动过程的安全状态问题，安全是活动本身的有机组成。解决安全状态问题就要进行安全管理工作，就要"危害识别、风险评价、采取安全措施"，但需要解决的是将这三个过程由人的自发行为转变为自觉行为，由被动行为转变为主动行为。安全管理是人在追求活动目标过程当中的一个管理，因此它具有过程管理的特点。隐患排查就是安全活动过程。人在活动中进行了安全管理，不发生事故是必然的，发生事故是偶然的。反之，人在活动中不进行安全管理，则不发生事故是偶然的，发生事故是必然的。现在有人提出"隐患就是隐形的事故"，这是有道理的，企业一定要牢固树立"隐患即事故"的理念，严格落实"事故隐患零容忍"制度，全面建立"分级排查、提级管理、四个一百、两个经常"的事故隐患排查体系。

在安全检查中会发现许多隐患，要分析产生隐患的原因是什么，哪些可以当场解决，哪些需要不同层次管理人员解决，哪些需要投入力量来解决。重要的是必须把发现的隐患加以整理、分类，知道主要的安全隐患是哪些，解决需要多少时间，不解决会造成多大风险，哪些需要立即加以解决，哪些需要加以投入。安全管理真正落到了实处，就有了目标，这是发现隐患必须加以处理的真正含义。

一、强化"分级排查"

对一个企业，要求生产经营单位主要负责人对本单位事故隐患排查治理工作全面负责。建立岗位、班组、车间、厂级企业自查自纠机制，生产经营单位的班组、工段、车间、厂矿、公司负责人和管理人员及岗位操作人员应坚持日常的安全生产检查制度；单位主管安全生产的负责人应当组织有关部门和人员进行经常性的隐患排查；单位主要负责人应当每月至少组织一次由安全管理人员、工程技术人员和职工等相关人员参加的隐患排查治理工作。各级人民政府及其有关部门在各自职责范围内对生产经营单位排查治理事故隐患工作依法实施监管，对本行政区域、本部门职责范围内隐患排查治理工作承担监管责任。应健全"企业自查自纠、专家现场诊断、政府挂牌督办、执法督促整改"的隐患排查治理机制。只有这样，才能强化"分级排查"制度的落实。

二、强化"提级管理"

对排查出的事故隐患，按照事故隐患的等级进行登记，建立事故隐患信息档案，并按照职责分工实施监控治理。在隐患排除前或者排除过程中无法保证安全的，要采取应急防范措施，或者叫作特护措施，必要时应停产、撤人、停业整改。各生产经营单位对排查出的事故隐患，要严格执行隐患治理措施下管一级的原则，班组隐患车间主任要亲自抓，车间隐患厂长要亲自抓，厂级隐患行业管理部门要亲自抓；同时，还要严格落实隐患治理责任上延一级的原则，因隐患酿成事故，要追究上一级责任，对上一级实施行政处罚。各级政府安全生产委员会对下级和企业重大事故隐患实行挂牌督办，对不按照要求进行整改的，视为事故来对待，由市政府安委会组织调查组，按照"四不放过"的原则严肃查处，确保重大事故隐患和问题及时解决。以上就是"提级管理"。

三、强化"四个一百"

排查事故隐患应做到时间上的百分之百：坚持全时段，做到全天候24小时有人在岗排查，职工在岗一分钟，坚持排查隐患60秒。排查事故隐患要做到人员参与的百分之百：督促员工牢固树立"不伤害自己、不伤害他人、不被他人伤害、保护他人不被伤害"的四不伤害安全观念。排查事故隐患要做到部位和环节上的百分之百：排查事故隐患坚持全方位，不遗漏任何一个方面。事故排查坚持所有企业百分之百：按照系统论的方法排查事故隐患，区别不同对象进行全面排查，特别要加强对外来施工单位、农民工或新入厂员工的隐患排查工作。

四、强化"两个经常"

经常做到有人因安全事故被诫勉约谈、被处罚，经常做到有人因安全生产工作好受到表彰，这就是"两个经常"。加大各级领导干部政绩业绩考核中安全生产的权重和考核力度，把安全生产工作纳入社会主义精神文明和党风廉政建设、和谐社会建设、社会管理综合治理体系之中。进一步完善安全生产奖惩制度，对成效显著的单位和个人要以适当形式予以表扬和奖励，对违法违规、失职渎职的，依法严格追究责任。同时，重点加强安全生产应急管理、应急预案、应急演练工作，完善应急预案体系，抓好煤矿、危险化学品、非煤矿山、建筑施工等高危行业、企业及工商贸行业企业安全生产救援预案备案工作，定期组织预案演练。每年市级层面都应重点进行煤矿、危险化学品、高层建筑、道路交通等领域应急救援演练，以提高自防自救能力。消除隐患程序见图8-1。

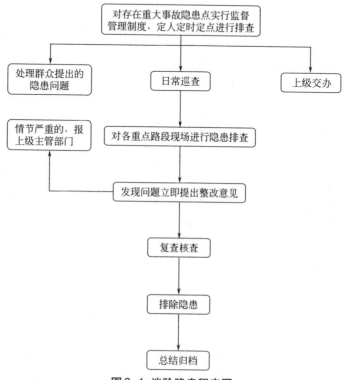

图8-1 消除隐患程序图

五、建立健全隐患排查治理体系

树立以人为本、安全发展的理念，深入建立隐患排查治理体系，传播有效防范事故的先进经验和做法，探索创新政府和部门安全监管机制，强化和落实企业安全生产主体责任，更好地把握隐患治理、事故防范的主动权，打好事故隐患排查治理攻坚战，有效防范和坚决遏制重特大事故发生，切实保障人民群众生命财产安全，为经济发展和社会和谐稳定创造良好的安全生产环境。

1. 要深入贯彻落实科学发展观

坚持把安全生产放在各项工作的首要位置，纳入经济发展和社会管理创新的重要内容，突出预防为主，坚持关口前移，深化隐患排查治理体系建设和措施落实，提升安全生产工作水平，从源头上防范和遏制事故发生，保障企业常态安全运行和应急协调，促进安全生产状况持续稳定好转，为建设和谐社会提供重要保障。

2. 要坚持以事故预防为主攻方向

建立事故隐患排查治理体系，有助于促进落实安全生产主体责任。加强和改进政府安全监管，综合推进安全生产工作。各地区、各部门和各单位及各企业一定要切实增强搞好隐患排查治理的自觉性和主动性，深入学习推广先进企业和先进地区的经验，完善事故隐患排查治理体系，建立功能完善的信息系统，制定科学严谨的隐患排查标准，建立清晰明确的责任制度，实施差别化、有针对性的监管方法，形成全过程、动态化、重预防的工作考核激励机制。

（1）加强领导和组织协调，形成合力，强力推进。要针对薄弱环节，突出重点行业领域和重大事故隐患，研究制定和实施深化隐患排查治理的具体工作方案，充分发挥各级安委会及其办公室的组织、协调和指导作用，实现安全监管全覆盖和隐患排查治理无缝化管理，加强监督检查，加大安全投入，保障隐患排查治理和体系建设的需要。

（2）着眼于治大隐患、防大事故，在有效防范、坚决遏制重特大事故上见到更确实的成效。在当前，我国经济社会发展进入改革的转型发展期，各种新情况新问题不断出现，安全生产工作也面临诸多新情况，要进一步加大对道路长途客运车辆和驾驶人员、渡船渡口、煤矿瓦斯与水害、危险化学品管道和道路运输、冶金企业铁水装置和煤气管道、易燃品仓储等方面的隐患排查治理，通过采取停产停业停运、限期整改、依法关闭和严肃查处，以及严格执行重大事故隐患挂牌督办、公示监督制度等措施，提高隐患排查治理实效。

（3）坚持典型引路、扎实推进，加快建立健全隐患排查治理体系。在抓好企业特别是高危企业内部体系建立的基础上，逐级扩大联网，中央企业要做好表率。争取用最短的时间，在全国各地基本建立起先进适用的事故隐患排查治理体系，把"安全第一，预防为主，综合治理"的方针真正落到实处。

（4）加强制度建设，构建隐患排查治理的长效机制。结合《安全生产法》，把近年来在隐患排查治理方面的成功经验和做法以及得力措施推广到所有的企业。结合《安全生产"十四五"规划》的实施，推动将隐患排查治理及体系建设纳入地方安全生产规划。要在严格执行已建立的重大事故隐患公示、督办治理、效果评价和整改销号等制度的同时，把隐患排查、登记、检测监控、挂牌督办、整改、评价、销号、上报、统计、检查和考核等工作，全部纳入严格健全的制度规范上来。

（5）坚持统筹兼顾，搞好"五个结合"。事故隐患排查治理要与深入开展

"打非"专项行动相结合,与深化重点行业领域安全专项整治相结合,与企业安全生产标准化建设相结合,与组织实施《安全生产"十四五"规划》相结合、加强安全监管监察能力建设和安全生产信息化建设相结合,与加强应急管理队伍建设相结合,促进安全生产工作水平全面提高。

3. 准确把握当前安全生产面临的新形势、新挑战

进一步牢固树立以人为本、安全发展的科学理念;深刻领会建立事故隐患排查治理体系的重大意义,准确把握安全生产工作机遇,深化对安全生产规律的理解和认识;深刻领会隐患排查的意义,准确把握建立事故隐患排查治理体系与安全生产标准化建设的关系,把隐患排查的工作部署变成安全生产的工作行动;准确把握学习借鉴先进经验与创新发展的辩证关系,在真学、真用、真创上下功夫;要科学制定实施方案,采取强有力措施,着重抓好安全理论和方法的学习贯彻,做好实施方案、典型示范、标准规范、人员培训和宣传报道"五个工作"落实,确保取得隐患排查治理工作的实效,为安全生产打下扎实的基础。

第二节 隐患排查治理体系建设的作用

一、明晰隐患排查治理体系建设目标

隐患排查治理体系建设工作的目标是建立覆盖全国各行业和领域的隐患排查治理工作体系。隐患排查治理体系建设工作要体现防范在先、风险控制原则,围绕实现企业隐患底数清、生产情况明的目标,坚持以企业分类分级管理为基础,以企业事故隐患自查自报系统为核心,以健全完善责任机制和考核机制为手段,以制定标准体系为支撑,以广泛开展安全教育培训为保障。要通过建立隐患排查治理体系,落实企业安全生产主体责任和部门安全生产监管责任、属地管理责任,形成政府、部门、企业、社会之间的良性互动,通过扎实有效的工作,切实防范各类事故的发生。

二、明确隐患排查治理体系建设重点任务

在当前安全工作形势下,要着重做好以下五项工作。

（1）摸清底数，实施分类分级监管　摸清企业底数和基本情况，利用安全生产网络化综合监管平台，根据企业实际状况，对企业进行分类分级，在隐患排查内容、治理标准、监督检查频次等方面实行差别化监管，提高安全监管的针对性和有效性。

（2）分门别类，建立完善的隐患排查治理标准　依据安全生产有关法律法规和标准规程，以安全生产标准化建设评定标准为基础，制定细化所有行业、企业的隐患排查标准，使企业知道"查什么、怎么查"，使监管部门知道"管什么、怎么管"，使隐患排查治理工作有章可循、有据可依。

（3）上下互动，建立功能完善的信息系统　建立基于"企业分类分级动态监管"和"隐患自查自报"为核心业务的安全生产网络化综合监管平台，全过程记录、准确反映企业排查治理与政府安全监管的互动。利用该系统，企业对自查隐患、上报隐患、接受监督指导、整改隐患主动进行管理，安全监管部门对日常执法检查数据、企业自查自报隐患数据进行统计分析，及时掌握安全生产动态，实施有效监管。

（4）规范管理，建立清晰明确的责任制度　依据各单位、各部门、各企业制定的《落实安全生产监督管理职责规定》要求，进一步落实部门和属地的安全监管职责。

（5）强化监督，建立动态化的考核机制　进一步研究探索对政府有关部门和企业安全生产业绩考核激励约束机制。突出过程和结果量化，将隐患排查治理信息系统建设、日常执法检查和部署工作完成情况作为考核指标，纳入对部门、地方和企业年度安全生产工作考核体系。

三、强化措施，确保隐患排查治理体系建设取得实际效果

1. 要加强领导，落实责任

各级政府、各部门主要领导和企业法人代表要把事故隐患排查治理体系建设列入重要工作日程，健全组织机构，强化企业主体责任、部门监管责任和属地管理责任的落实。各级安全生产委员会及其办公室要当好参谋助手，充分发挥组织、协调和指导作用，进一步理顺部门之间的安全生产工作职责和关系，解决责任空缺、职责不清、职能交叉等问题。应急管理、市场监管、住房和城市建设等部门要结合本行业特点，积极主动推进隐患排查治理体系建设。

2. 要制定方案，分步实施

各地要按照国家的统一部署，结合本辖区、本行业实际，研究制定隐患排查治理体系建设总体方案，集中力量开展好隐患排查治理体系建设工作。要按

照"自下而上、循序渐进、突出试点、以点带面"的工作原则,从基层企业和政府抓起,逐级扩大联网,扩大覆盖面,最终形成全国范围内健全、完善的隐患排查治理体系。各企业要制定工作实施方案,分步实施。要把中小企业作为重点,尽快建立起隐患排查治理系统。

3. 要突出重点,典型示范

企业要选择1～2个隐患排查治理体系建设试点,通过条块结合、先行先试、总结经验,全面推进工作。要抓紧制定可操作性强的具体试点实施方案和"分类分级与自查自报"体制相关的配套文件。政府要加强对各企业的业务指导,在信息系统建设、隐患排查标准制定、监管责任落实、监管方法创新、考核机制完善、技术资金安排等方面给予重点支持,确保体系建设取得实效。

4. 要完善标准,强化培训

要按照国家的有关要求,结合推进安全生产标准化工作,组织专家梳理、完善行业隐患排查治理标准,为建立隐患排查治理体系提供技术标准支持。进一步建立完善隐患排查、登记、检测监控、挂牌督办、整改、评价、销号、上报、统计、检查和考核等制度。切实抓好培训工作,开展多层次培训,要组织企业主要负责人、安全管理人员和具体填报人员参加培训,使他们真正懂得怎么查隐患、怎么治理隐患、怎么上报隐患。

5. 要加大投入,强化考核

各地各企业要加大资金投入,确保隐患排查治理体系建设工作的实施。要完善激励约束机制,对没有按要求完成隐患排查治理体系建设工作的,实行一票否决。对不履行安全生产主体责任、隐患排查治理不到位的企业,要强化监管,依法从严查处违法行为。对不履行安全监管职责的相关部门和人员严肃追究责任。

第三节 建立事故隐患排查制度的必然性

杜邦公司认为:安全是一种通过行动对人的生命的尊重。保护生命是至高无上的。现在强调企业贯彻"安全第一,预防为主,综合治理"的安全生产方针，及时发现和处理各种事故隐患，避免或减少职工因工伤亡事故的发生，就必须制定事故隐患排查制度。

一、事故隐患管理

事故隐患管理坚持"谁主管、谁负责、谁治理"的原则，由各生产单位实施管理。对于事故隐患的排查，必须做到以下几点。风险分级管控见图8-2。

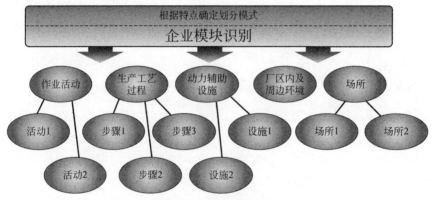

图8-2　风险分级管控

（1）实行领导负责的逐级事故隐患管理责任制，各单位安全第一责任人全面负责本单位的事故隐患管理工作，其他领导负责分管工作范围内的事故隐患管理工作。

（2）明确事故隐患管理机构和人员及其职责，负责日常事故隐患管理工作。

（3）认真执行安全生产法规，健全事故隐患管理规章制度。

（4）对职工进行经常性的安全知识教育和培训。

（5）定期进行安全检查，及时发现各种事故隐患。

（6）各车间、班组应严格执行"安全检查表"制度，做到认真检查，及时整改。不能整改的，在采取可靠安全措施的情况下及时向车间汇报。

（7）隐患排查、整改按照ABC分类法[1]，做到PDCA（计划、执行、检查和处理）闭环管理。

A：需要立即整改的事故隐患。

B：需要限期整改的事故隐患（原则上不超过3日）。

C：需要利用检修、换品种或有充足时间整改的事故隐患（原则上要求不超过1周时间）。

---

❶ ABC分类法。又叫主次因素分析法。根据事物在技术或经济方面的主要特征，进行分类排队，分清重点和一般，从而有区别地确定管理方式的一种分析方法。

存在重大事故隐患的单位应成立事故隐患管理小组。事故隐患管理小组由单位主要负责人负责。事故隐患管理小组应履行以下职责。

（1）掌握本单位重大事故隐患的分布、发生事故的可能性及其程度，负责重大事故隐患的现场管理。

（2）制订应急计划，报主管部门审查、备案。

（3）按时组织职工、岗位人员进行安全教育，组织模拟对应急预案进行演练。

（4）随时掌握事故隐患的动态变化。

（5）保持应急器材、救护用品完好有效。

二、事故隐患检查、报告、评估

企业各车间、科、处室应教育职工熟悉、掌握本单位生产状况、工艺过程、各种职业危害因素、危险部位，教育职工在生产过程中提高预防危险意识，及时发现和报告各种事故隐患。各专业检查组应定期或不定期组织进行安全检查，同时应用各种危险分析方法，如危险预知分析、故障危险分析、事故树分析等，认真查找各类事故隐患。各车间应建立事故隐患报告制度。对不能及时整改的事故隐患应填写"事故隐患报告书"逐级上报。

事故隐患报告书应包括以下内容：

（1）隐患部位。

（2）隐患类别。

（3）隐患基本情况。

（4）主要危害（包括影响范围、影响程度、估计损失等）。

（5）整改措施。

（6）整改资金来源及其保障措施以及临时防范措施。

事故隐患根据作业场所、设备及设施的不安全状态、人的不安全行为和管理上的缺陷、可能导致事故损失的程度分为三级。

A级：易造成群死群伤以及重大设备、火灾的事故隐患。

B级：易造成人员伤亡以及较大设备、火灾的事故隐患。

C级：意识到危险的存在或在检查中发现的各类不安全因素、需要及时整改或限期整改的事故隐患。

经过评估和分级，C级事故隐患由责任单位负责管理和组织整改，B级事故隐患由各主管科室负责管理和组织整改，A级隐患由安全科牵头协调各部门联动组织整改。

三、事故隐患整改

事故隐患管理坚持"谁主管、谁负责、谁治理"的原则，发现事故隐患要定措施、定人员、定时间；班组能整改的隐患不得推给车间；车间能整改的隐患不得推给厂部。存在 A、B 级事故隐患的单位，应立即采取相应的整改措施；不能立即整改的，应采取防范、监控措施，同时向主管科、处室汇报。主管科、处室接到汇报后应立即制订整改计划，明确隐患整改负责人进行治理。杜邦风险分析流程见图 8-3。

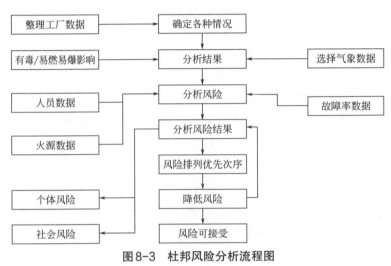

图 8-3　杜邦风险分析流程图

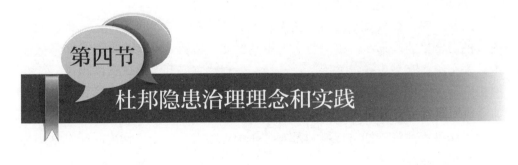

第四节　杜邦隐患治理理念和实践

1. 最朴素的安全要求

20 世纪 40 年代，杜邦公司提出了"所有事故都是可以预防的"理念，这个理念的提出基础，就是该公司从 1912 年开始的安全数据的统计工作。大量的统计数据，所有的事故分析，都支持了这个结论。因此，杜邦公司把所有的安全目标都定为零，包括零伤害、零职业病和零事故。他们有严密的安全原则和必胜的安全信念，尽力斩断"事故链"的每一个环节，达到"工作时比在家里还要安全十倍"的理想境界。

现在的杜邦公司，已经成为"全世界工作最安全的地方"，成为全球企业安全的典范。它的安全文化、安全措施以及安全理念正在成为众多企业学习的榜样。

在杜邦，有近乎苛刻的安全指南。比如在走廊上，员工没有紧急情况时不允许奔跑；员工上下楼梯必须扶扶手；笔筒里的笔全部笔尖朝下；打开抽屉取放东西后必须马上关好；人坐在椅子上，不能让座椅只有两条腿着地；椅背上不能挂衣服，统一挂在衣服架上；水杯必须带盖子；水杯必须远离电脑；会场上，插线板的电线如果暴露在地面上，必须用胶带把电线固定在地面上等。

2.把安全作为发展经济的重要支撑

"安全是具有战略意义的商业价值。它是企业取得卓越业务表现的催化剂，不仅能提高企业生产率、收益率，而且有益于建立长久的品牌效应。"这是杜邦员工一直向世界诉说的"安全经"。

安全生产过程中的任何作业都存在着包括人、机、物、环境等方面的危险因素，如果未进行预知，不及时消除，就会酿成事故。因此，要从根本上防止事故的发生，就必须把安全生产中一切潜在的危险因素事先辨识出来，加以控制和解决。而研究和发现危险因素和隐患的过程，也就是通常所说的预防。

3.预防事故的"六要六不要"

人们在安全事故发生之前，预先防范事故征兆、事故苗头，预先采取积极有效的防范措施，那么，事故苗头、事故征兆、事故本身就会被减少到最低限度，安全工作水平也就提高了。总结杜邦发现隐患必须及时消除的做法，就是要做到事故预防，必须坚持"六要六不要"：

（1）要充分准备，不要仓促上阵。充分准备就是不仅熟知工作内容，而且熟悉工作过程的每一细节，特别是对工作中可能发生的异常情况，所有这些都必须在事前搞得清清楚楚。

（2）要有应变措施，不要进退失据。应变措施就是针对事故苗头、事故征兆甚至安全事故可能发生所预定的对策与办法。

（3）要见微知著，不要掉以轻心。有些微小异常现象是事故苗头、事故征兆的反映，必须及时抓住它，正确加以判断和处理，千万不能视若无睹，置之不理，遗下隐患。

（4）要鉴以前车，不要孤行己见。要吸取其他人、其他单位安全问题上的经验教训，作为本单位、本人安全工作的借鉴。传达安全事故通报，进行安全整顿时，要把重点放在查找事故苗头、事故征兆及其原因上，并提出切实可行的防范措施。

（5）要举一反三，不要故步自封。对于本人、本单位安全生产上的事例，不论是正面的还是反面的事例，只要具有典型性，就可以举一反三，推此及彼，进行深刻分析和生动教育，以求安全工作的提高和进步。绝不可以安于现状，不求上进。

（6）要亡羊补牢，不要一错再错。发生了安全事故，正确的态度和做法就是吸取教训，以免重蹈覆辙。绝不能对存在的隐患听之任之，以免错上加错。

这里介绍一下吉尔伯特法则：英国的人力培训专家B.吉尔伯特曾提出一个管理学上的著名法则，即"工作危机最确凿的信号，是没有人跟你说该怎样做。"人们将其称为吉尔伯特法则。这句话引申到安全管理上，就是最平静的时刻往往是最危险的时刻。因为危机无处不在、无时不在，一个环节的疏忽，一位员工的小小懈怠，都可能会酿成重大安全事故。

我们来看一个因为大意而害了顾客、毁了自己的故事。

克里·乔尼是火车后厢的刹车员，他因为聪明、和善、常常面带微笑而受到乘客们的欢迎。一天晚上，一场暴风雪不期而至，火车晚点了。克里抱怨着，这场暴风雨不得不使他在寒冷的冬夜里加班。就在他考虑用什么样的办法才能逃掉夜间的加班时，另一个车厢里的列车长和工程师对这场暴风雨警惕了起来。

这时，两个车站间，有一列火车发动机的汽缸盖被风吹掉了，不得不临时停车，而另外一辆快速车又不得不换道，几分钟后要从这一条铁轨上驶过。列车长赶紧跑过来命令克里拿着红灯到后面去。克里心里想，后车厢还有一名工程师和助理刹车员在那儿守着，便笑着对列车长说："不用那么急，后面有人守着，等我拿上外套就去。"列车长一脸严肃地说："一分钟也不能等，那列火车马上就要来了。"

"好的！"克里微笑着说。列车长听完了他的答复后又匆匆忙忙向前面的发动机房跑去，但是，克里没有立刻就走，他认为后车厢里有一位工程师和一名助理刹车员在那儿替他扛着这项工作，自己又何必冒着严寒和危险，那么快地跑到后车厢去。他停下来喝了几口酒，驱了驱寒气，这才吹着口哨，慢悠悠地向后车厢走去。

他刚走到离车厢十来米的地方，才发现工程师和那位助理刹车员根本不在里面，他们已经被列车长调到前面的车厢去处理另一个问题了。他加快速度向前跑去，但是，一切都晚了，在这可怕的时刻，那辆快速列车的车头撞到了克里所在的这列火车上，受伤乘客的叫喊声与蒸汽泄漏的声音混杂在一起。

后来，当人们去找克里时，他已经消失了。第二天，人们在一个谷仓中发现了他。此时，他已经疯了，叫喊着："啊，我本应该……"他被送回了家，随后又被送进了精神病院。

这个事故告诉我们：最危险的情况是你意识不到危险。忽视危机，事故总会不知不觉而来，因此，要树立危机观念，时刻绷紧"安全第一"这根弦，才是预防事故、消除隐患的真谛。

第九章 工作外的安全与工作内的安全同等重要

　　杜邦公司十大安全理念之八：工作外的安全与工作内的安全同等重要。这个理念的重要性在于：企业安全生产的主要因素是人，而人是有思想、有情绪、有喜怒哀乐的复合体。工作内的安全固然重要，但工作外的安全同样重要。多少事故案例反复证明了工作外安全的重要性。工作中，我们时时讲安全、注意安全，发生危险的情况比较少，而八小时以外交通安全、食品安全等同样重要。工作外的安全对工作的影响更不可小觑。

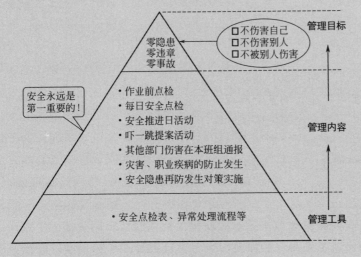

管理目标：
- ☐ 不伤害自己
- ☐ 不伤害别人
- ☐ 不被别人伤害

零隐患
零违章
零事故

安全永远是第一重要的！

管理内容：
- 作业前点检
- 每日安全点检
- 安全推进日活动
- 吓一跳提案活动
- 其他部门伤害在本班组通报
- 灾害、职业疾病的防止发生
- 安全隐患再防发生对策实施

管理工具：
- 安全点检表、异常处理流程等

第一节 把安全管理延伸到八小时以外

一、八小时以外的安全很重要

在我们日常的工作和生活中，会有这样的事故发生：员工因午饭喝酒，下午上班时会醉醺醺的，以至于在生产现场作业操作时，开错阀门，关错开关，造成重大事故的发生，这样的事故屡见不鲜；有的员工在休息旅游时不注意安全，坐车不注意安全，以至于在车祸中发生死亡或重伤，导致家庭破裂或大半年不能上班。员工在日常生活中的行为似乎与企业的安全生产管理联系不紧密，但究其内涵却息息相关，并且在一定程度上制约着企业的安全生产管理水平，必须引起我们的高度重视。也就是说，企业的安全管理必须延伸到员工的八小时工作时间以外。

企业安全生产管理工作延伸到八小时以外，首先要树立一种"大安全"的观念。就是说安全不仅是生产上需要，在生活、生存领域都需要安全来作为保障。企业要教育员工充分认识到安全对于企业、社会、家庭、个人都是至高无上的，要让员工善于管理自己、经营人生，在任何时候、任何情况下都要保持清醒的头脑，不要因自我的失误给企业、社会、家庭、他人带来不必要的损失和痛苦。因此，企业应自觉引导员工培养良好的安全习惯，不管是工作内还是工作外。企业在生产现场直接作业环节施行的安全检查责任制，对于在八小时以外的生活也具有借鉴作用，这些良好的安全习惯应用到生活和生存领域，同样可以起到减少事故、降低危害的效果。比如，日常的交通行车，家庭的水、电、暖、气维修，只要严格按照有关规章制度行事，一般来说是不会酿成事故的。同样，良好的生活习惯也与工作相辅相成，对企业实现安全生产是一种坚实的基础和有力的支撑。

生活在社会上的每一个成员，都要逐步形成家庭安全管理联动机制。企业与家庭之间内在的必然联系决定了安全管理并不是企业单方面的事情，必须取得家庭的充分理解和有力支持。要通过一系列的活动，如家庭走访、座谈会等形式，进行有成效的思想政治工作，及时沟通企业、家庭之间的相互信息。一方面，企业要为家庭解决力所能及的困难，解除员工的后顾之忧，使员工心情舒畅地投入工作；另一方面，要取得家庭对员工工作的支持，造就员工的温馨大本营。现在，不少企业将员工的"全家福"照片挂在员工工作室，配以家庭寄语，这些做法对稳定员工心态，提高安全意识起到了较好的作用。这本身就是一种安全文化现象，对于企业的安全生产具有十分重要的意义。

过去员工中有一种错误的认识,即"八小时以外是我的自由",这似乎意味着下了班,员工在八小时以外的活动谁也管不了,愿意怎么干就怎么干,愿意干什么就干什么,哪还注意什么安全不安全。这种说法和行为是对自己生命的不负责任,也是对企业的安全工作不负责任。安全生产包含着一系列责任,其中有政治责任、社会责任、家庭责任、经济责任。如果我们对安全生产的重要意义认识不深,对全面、全员、全过程、全天候的安全生产工作存在片面的理解,认为在岗位上、在生产现场、在作业操作过程中讲安全、要安全、保安全最重要,下班后和业余生活中、旅游过程中、乘车行进中就不讲安全、不要安全、不保安全,这是十分错误的认识。回顾以往众多的发生在生活中的事故,大多是发生在八小时以外、节假日里、业余生活中。

二、把安全管理延伸到八小时之外

把安全管理延伸到八小时之外,采取多种形式开展"安全文化进家庭"活动,在员工家庭中营造"安全生产、关爱生命"的浓厚氛围,通过家属协管筑牢安全生产堤坝,用"安全家书"架起企业与家庭的连心桥。这是八小时之外安全文化的渗透作用。

1. 向员工家庭送"安全家书"

将企业安全文化理念、基本方针和指导思想告知家属;提示家属注意员工八小时之外的日常生活,使员工减少或杜绝过度饮酒、熬夜等不利于安全生产的行为。同时,企业公布单位的联系电话,及时与员工和家属进行沟通,提供帮助,为员工营造和谐的生活和工作环境。"安全家书"走进企业每一位生产员工家庭,会在单位和员工家庭之间架起了一座座连心桥。

2. 家属联系沟通机制,加深理解保安全

"老公,昨天下午你们领导组织我们学习了公司下发的安全事故通报,那些事故基本都是工作人员不遵守安全规定造成的。今天你参加10千伏线带电作业,一定要检查好安全防护工具,按要求施工,我们等你平安回家!"清晨,员工出门前,妻子这样叮嘱他。反违章保安全,不仅仅局限于安全管理的"前方",更要让安全理念进入家庭,让员工家属协助单位做好安全管理工作,使每名员工时刻绷紧安全这根弦。制定员工家属安全教育制度,分批组织家属到施工现场了解一线情况,定期举办安全知识讲座,学习各类事故通报,使"一人安全、全家幸福"的理念成为每一个家庭的共同心愿和目标。

3. 给力安全,用"亲情"关爱员工

可以举办"给力安全"员工子女绘画作品比赛,以企业安全生产为主题,形成了一道亮丽风景。"为了幸福和睦的家庭",聪明伶俐的孩子们用巧手绘制出长鸣的"安全警钟",让每一名员工家属都成为保安全的有心人、反违章的"好帮手"。发动员工家属利用手机平台向亲人传递安全嘱托,走访"三违人员"

家属，用员工亲属的关爱为联系纽带，构建企业、家庭、员工"三位一体"的安全亲情防护体系。这些活动都是企业安全文化现象，都能为企业的安全生产工作注入活力，提供支撑，不失为一种生动活泼的文化形式。

目前，在我们的生产和工作中，广大员工对安全工作都十分重视，能够自觉遵守安全操作规程，落实企业的各项安全管理制度，使生产工作中的安全得到保证，有效减少了各类事故的发生。但是，在我们的现实生活中，在人们的脑海里和心目中，往往是对上班工作中的安全比较注意和重视，对下班后业余生活中的安全工作就有些不在乎了。回顾以往发生的许多事故，不少都是在八小时以外节假日里和业余生活中发生的。2007年10月的一天晚上，某职工在公路边上行走，突然被疾驶而来的汽车从后面撞倒，造成头部和胸部严重受伤，因抢救及时没有生命危险，但至今还留下后遗症。2004年6月的一个双休日里，几名职工结伴去玩，在走到一码头处往下跳时因姿势不当，跳下后造成左小腿骨折事故，这也是发生在八小时以外的事。这些简短的事故案例和惨痛教训告诉我们，事故的发生是不分工作内和工作外，不分时间、地点和场合的，如果麻痹大意不在乎，没有牢固的安全意识，随时有可能发生问题。因此，无论是工作内还是工作外，对安全这根弦任何时候都不能松。上班时要注意安全，遵守操作规程，落实好"安全生产禁令"，下班后我们同样要遵守企业的各项安全管理制度，严格要求自己，这样，不论是在上班时还是下班后，不论在哪个环节、哪个时段都能够保证安全。我们所说的八小时以外的安全，目的是提醒大家，我们要的不是一时一事，单纯注意工作中的安全，而是要从八小时以外发生的一些事故中吸取深刻教训，重视业余生活中的各类安全，树立一种工作中和下班后，时时刻刻、事事处处都注意安全的永久安全意识。

总之，重视八小时以外的安全，就是落实杜邦公司"工作外的安全与工作内的安全同等重要"理念的具体体现；是社会必然关注的安全话题，为企业的安全生产注入新的活力；也必将为广大人民群众所接受和应用。

第二节　杜邦安全要求和八小时以外的做法

一、工作外的伤害带来的影响

杜邦公司对员工安全和健康的关心不仅局限在工作过程。杜邦认为，工作外的伤害并不亚于工作中的伤害。除了员工及其家人遭受的个人痛苦外，工作外的伤害可能会以下列方式严重影响工厂的运营：①培训救援人员的需要；②因新员工而导致的生产损耗或设备损坏；③给管理人员带来额外工作；④受伤员工返回工作岗位后工作能力下降；⑤医疗保险、住院和手术费用增加；⑥残障员工的工资成本等。

二、杜邦办公室安全基本要求

（1）不要奔跑。

（2）不要边走边看资料。

（3）电气设备有故障，请有关部门人员检修，不要自己动手检查。

（4）不要用湿手碰电器。

（5）发生火灾时不要使用电梯。

（6）不要在办公室里储存危险化学品和易燃物品。

（7）门口和走道处不要堆放物品。

（8）不要在橱柜顶部放重物和散装物品。

（9）抽屉不用时请关好。

（10）需要爬高时请使用梯子，不要站在桌椅上面。

（11）个人办公区域内请保持清洁整齐。

（12）办公室内严禁吸烟。

（13）清楚了解办公室内的火警疏散通道。

（14）一旦发现不安全的地方，请及时与部门主管或公司安全负责人联系，以便及时采取改正措施。

（15）个人办公区域安全要求：

① 不要在四层橱柜上堆放物品；

② 除了垃圾桶，请勿在办公桌下堆放物品；

③ 不要在椅背或隔离板上挂衣服；

④ 不要笔尖朝上放；

⑤ 不要在过道上堆放物品。

三、建立八小时以外的工作机制

如何做好员工八小时以外的管理，是个比较复杂的问题。按照杜邦的安全理念，结合我国的实际情况，有的放矢地建立四个机制，是搞好员工八小时以外安全管理的有效途径。

1.建立思想分析机制

通过加强对员工耐心细致的思想工作，加速员工思想观念的转变，稳定员工的思想情绪，保证员工的全面发展，既能教育人、引导人，又能理解人、关心人，把思想政治工作做到员工的心坎上，结合员工队伍的实际，适时开展"两会一结"活动，及时掌握员工八小时以外的思想状况。各基层社区主任要坚持每月召开一次员工思想状况座谈会，由社区主任组织居民（含企业居住的员工）分时间、分层次、分类别座谈，与居民（员工）零距离接触，讲道理、办实事。居委会每个季度组织基层社区主任召开一次居民（员工）思想状况分析会，要求各基层社区主任结合实际汇报本社区居民（员工）的思想变化情况，就如何做好居民（员工）八小时以外的管理教育进行分析，大家相互沟通、相互交流、相互学习借鉴，力争在思想教育工作中做个有心人，时刻关心居民（员工）的情绪波动、思想变化以及掌握突发性的特殊情况。

2.建立法治教育机制

抓好八小时以外的教育管理，提高员工的自觉性和自制力，保证员工做到单位和社区一个样，班前班后一个样，这就需要加强社区干部的责任意识，建立一套有针对性的法治教育机制，不让一个员工掉队，并利用"物、像、影、音"的"四维"教育方式，规范员工的一言一行，确保员工八小时以外思想认识清晰，清楚知道自己该做什么和不该做什么，应该怎么做。如开展"做遵纪守法员工，共创和谐企业"主题宣教活动，提升员工遵纪守法的意识，提高违纪违法带来社会危害的意识，用客观的事实、翔实的案例分析，给员工提供宝贵的经验和建议。

3.建立领导家访机制

目前，社会上形形色色的诱惑太多，这很容易导致员工社会活动过于复杂，基层干部有针对性地对重点员工实施"一对一"的家访机制，主动深入员工家庭了解情况，与员工配偶和家庭成员交心谈心，全面了解员工思想动态、家庭状况、在家表现、生活习惯、社会交往等情况，倾听员工家属对企业管理员工的意见和建议。

4.建立社会联动机制

员工八小时以外的社会关系较为复杂，了解并掌握他们的社会关系也是做好思想政治工作的一个前提条件。对于个别重点员工，采取基层干部进社区的方法，与社区管理人员沟通、交流，了解员工在社区内的主要社会关系和活动情况，进一步掌握员工的社会动态。

第十章 良好的安全创造良好的业绩

杜邦公司十大安全理念之九是：良好的安全创造良好的业绩。杜邦公司200多年的发展史，与其说是在生产各种危险化学品，倒不如说是在经营安全。正是有了这种对安全生产的不懈追求，才使杜邦公司在全球的声誉大增。一些国内企业已经成为杜邦公司安全咨询业务的客户。相信杜邦公司的例子可以让更多企业认识到安全生产不是一种负担，而是一种责任；不仅是一种挑战，更是一种机遇。

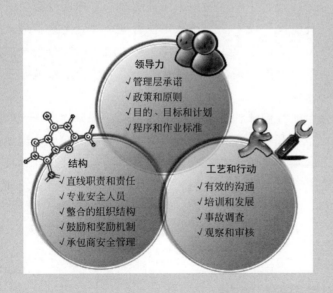

第一节 安全是一门好的生意

一、良好的安全就是一门最好的生意

如果能够把安全当作生意来做，还有什么事故不可避免呢？众所周知，安全是企业生存的基本前提，然而，由于利益的驱动和经济短期行为作祟，不同行业、不同企业因其对安全的认识和重视程度不同，安全管理宽严各异，忽视安全管理，视安全措施为儿戏的企业也很多，这也正是安全事故频发的原因。

杜邦公司拥有200多年的历史，它能够成为全球安全管理的标杆，正是缘于其对安全管理的苦心经营。早在1815年杜邦公司在一次意外爆炸事故中认识到，实现安全生产仅仅在设备和厂房上的注意是不够的，必须有制度的设计和意识上的强化。杜邦公司建立了严格的员工培训制度，管理层直接负责安全制度，正是安全数据统计制度，使安全管理从定性管理发展到定量管理。他们设立安全奖，如果发生安全事故，员工由于创伤不能上班，所在分公司或工厂的所有人就会丧失年度安全奖的资格，部门负责人年度考核和工资调整就会受到影响。

在安全意识的强化上，我们从杜邦公司开会就可以窥斑见豹，会议的第一项议程往往是介绍安全须知和逃生路线。制度成习惯，习惯成文化，诸如此类的规定已经融入了杜邦公司员工的血液，成为杜邦公司的一部分。回顾杜邦公司的历史，从一个侧面看，可以说杜邦公司的历史是一部安全经营史。让企业长盛不衰，可以说是每个企业的梦想，但如果没有把安全当作一门生意来做的思想，恐怕就会因为一个微小的安全事故，葬送一个企业，使企业大起大落。这样的例子不胜枚举。

二、良好的安全创造良好的业绩

杜邦公司是名列全球500强前列的企业，其安全业绩举世闻名。通过学习和实践杜邦公司的安全理念，可寻找到有效的安全管理方法，也使中国的企业具有良好的安全业绩，笔者结合杜邦的安全业绩，介绍杜邦安全业绩和安全文化，目的是提升我们的安全理念和创造我们的安全业绩。

1. 杜邦安全文化的形成历程

众所周知，杜邦家族于1802年在美国建立起了黑火药生产企业。企业的生产性质决定了公司经营和发展的高危险性，生产火药的要求同历史学家称之为"前工业革命"时期的工作习惯是背道而驰的。18世纪和19世纪初期的工人还未从冗长、节奏缓慢和有季节性的农业劳动习惯向快速、机器节奏和按时上班的工厂要求方式转变，在遵守火药安全生产程序方面的漫不经心是非常普遍的。

杜邦公司厄留梯尔·伊雷尔·杜邦在1811年元旦公布了杜邦公司历史上第一部安全规章制度，比如工人穿的鞋不能有铁钉，进入厂区应接受安全检查，以防止将火种带入等。但是，尽管有这些安全要求，灾难还是发生了。1815年杜邦公司历史上的第一次爆炸，造成9人死亡；而1818年的大爆炸造成了40人死亡，结果使剩余所有的工人都逃离了工厂。此时杜邦公司的管理层深刻意识到，仅有安全管理规章制度，没有执行这些制度的具体行动是不可能防止事故的发生的。基于此，杜邦公司管理层在灾难发生后，痛定思痛，认真吸取事故教训，做了如下事情。

（1）杜邦家族的人员和工人一起工作，亲自带领工人们安全操作，其中重要的一环就是进行在岗的"安全培训和教育"。

（2）杜邦公司规定公司所有的新机器的购买或引进的新设备，总是由杜邦家族的管理人员最先操作，在确认了操作方式和方法的安全性之后，才让工人们操作。这也就是现在我们说的本家族的人先行先试，把风险留给自己，把安全留给他人。

（3）通过事故教训，杜邦公司认识到：安全规则是建立在事故的代价和事故调查的基础上的，也就是我们常说的用鲜血和生命换来的。1818年的大爆炸是由工人饮酒后操作失误造成的，杜邦公司此后就严格禁止在工作期间饮酒；之后发生的火药车爆炸事故使杜邦率先建立起早期的"交通安全管理规定"。

杜邦公司在成立之初就确定了"质量占领市场"的发展方向，除了使用当时世界上最先进的火药制造技术外，稳定而熟练的技术工人队伍是质量的第一保障，而这样一支队伍的培养和维持离不开一个安全的工作环境。此后在19世纪公司的快速发展过程中，这些基本的安全管理规定和管理模式发挥了非常大的作用。19世纪末，杜邦公司的生产活动已经扩展到黑火药生产之外的多个领域，早期建立起来的安全管理模式和管理理念也得到了进一步加强。具体有以下几个安全工作阶段。

（1）1895～1900年引入了更多的安全管理规定。例如，所有机器的转动部分都必须有安全防护设施；楼梯和空中走道都必须安装扶栏；操作化学品时必须使用各种个人防护用品。这些安全管理规定以文件形式向所有杜邦公司工作人员（包括管理者）传达，并要求不折不扣地贯彻执行。

（2）1907年向所有工作人员分发了一册"急救手册"。旨在发生了意外事故时，能够在有准备的情况下给予处置。

（3）1911年成立了专门队伍研究引进各种各样的安全设施和起草安全管理规定；在各生产部门成立了"事故预防委员会"；设立了杜邦公司历史上第一个"安全经理"职位。这就是安全生产委员会和安全专职管理人员的雏形。

（4）1912年杜邦公司开始收集安全数据，分析安全管理方面的缺失，在公司层面上采取相应的安全管理措施。

通过以上措施的落实，杜邦公司创造了良好的安全业绩，取得了一系列经济效益和社会效益，在全美国以及全球企业界获得了大家的肯定，并纷纷效仿杜邦公司的做法。

随着业务范围的扩大，杜邦公司管理者也意识到建立起良好的企业安全文化的重要性，而这种文化的建立最初是通过以下活动实现的。

（1）管理者的安全承诺和安全管理中的领导承诺。所有安全管理规定总是由上而下，从最高管理者开始实施，管理者必须在工作人员中树立遵守安全管理规定的榜样，同时必须在实施安全规定的过程中提供资源保障。

（2）采用直线管理的方法，明确各业务部门对安全管理规定的执行和管理职责。虽然杜邦公司设有"安全经理"，但只是公司内部安全管理事务的"顾问"，即引入好的安全管理规定，而执行安全管理规定以及检查安全管理规定执行程度的职责则要由各业务部门来承担。

（3）建立全员安全管理模式。与现场操作相关的安全管理程序的制定必须从下而上，并有操作工人参与；对安全管理措施提出改进意见的员工要进行奖励，哪怕这种建议在现实中比较难以实施。

在采取了上述一系列安全管理措施后，杜邦公司的安全业绩就一直不断提升，所取得的安全业绩在世界范围内也是有目共睹的。为了说明问题，我们在这里可以从杜邦公司在安全生产实践中，连续20万小时的事故发生率来直观获得。图10-1是杜邦公司从1912年开始统计的安全数据中反映出来的安全生产状况。从杜邦公司安全管理的历史来看，优良安全业绩的取得也是通过在实际工作中不断吸取教训、持之以恒地加以改进来实现的。难能可贵的是，杜邦在其整个发展过程中，都坚持"安全"是企业四大核心价值之一（其他三大核心价值是：职业道德、对人的尊重和保护环境）。

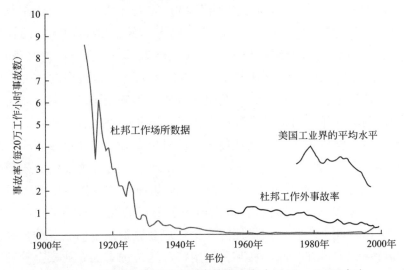

图 10-1　连续20万工作小时事故发生率（1912～2000年）

注：1. 1914～1918年事故率的上升反映了第一次世界大战期间杜邦公司超常
　　　规扩大生产以及大量使用新工人带来的结果。
　　2. 与1914～1918年类似的情况也发生在第二次世界大战期间，
　　　但相比一战时期要好得多。
　　3. 从1998年开始将人机功效的数据包含在统计数据中。

2. 安全管理体系与安全文化

从世界工业安全管理发展的趋势来看，安全管理已由本能的管理方式过渡到建立安全管理体系，通过管理者承诺、完善可行的规章制度及监督控制来实现安全业绩的不断提升。但在以人为本、尊重科学的现代化工业安全管理中，杜邦公司率先建立了企业安全文化，实现了有效的人性化管理，创造了令人瞩目的安全业绩。

杜邦公司作为跨国公司，其在全球各地的企业都遵循公司统一的安全理念，应用相同的安全管理模式，建立同一模式的安全文化。置身于杜邦公司的企业中，各种安全警示标志随处可见，现场管理清洁有序，员工自觉遵守安全规则，充分体现出"员工的直接参与是关键"的安全理念，展现了杜邦公司安全文化的魅力。笔者对杜邦公司安全管理模式感受最深的有以下几个方面。

（1）安全管理从上到下的"有感领导"　杜邦公司安全文化的实质是由全员参与安全管理，这种企业安全文化的基础是各级管理层的大力支持并且以自身的行动向所有员工展示管理者对安全的重视。如杜邦公司CEO（Chad Holliday）得知在巴西的一名员工在工作中因事故于2005年9月22日上午在医院去世的消息后，立即中止参加在奥兰多举行的"世界工作场所安全管理峰会"（杜邦公司是该大会的主要赞助商），本来安排他在23日的大会发言也由一位副总裁代为宣读，立即返回杜邦公司总部，了解事故情况，并在23日向全球的杜邦公司员工发出电子邮件进行通报。作为一位在全球70多个国家有7.9万多名员工、2003年在全球化工公司500强中排名第113位的大型跨国公司的CEO，中止参加重要的会议，亲自关注远在几千公里之外的一起安全事故，并且亲自（而不是由安全部门）在第一时间向全球的员工发出电子邮件进行通报，充分显现了杜邦管理层对安全管理工作的重视程度，同时也充分体现了杜邦安全管理理念中的"有感领导"。后来我们了解到，所有杜邦公司的员工发生事故都必须向CEO报告，对于像造成人员死亡这样的重大事故，CEO会亲自跟踪事故的调查情况。每个季度CEO在向所有员工通报全公司的经营业绩时，第一项总是安全统计数据。此外，管理层参加的安全管理会议都是专门召开的，并不与其他生产经营会议安排在一起。杜邦公司坚持认为，优秀的企业安全管理文化和卓越的安全管理业绩必须也只能通过管理层的"有感领导"来维持和发展。只要领导重视，把安全工作当作第一位的事，那么企业的安全工作就有坚实的基础，这和我国的"安全第一，预防为主，综合治理"的安全生产方针是一样的理念。

（2）安全管理的直线责任制　杜邦公司安全管理措施的落实采用直线管理责任制。即每一个业务部门的经理对所管辖的区域和人员的安全负有责任，而不是由安全部门去监督各部门安全管理措施的落实情况。例如在休斯敦La Porte杜邦公司厂区，有四个生产不同产品的工厂，厂区的总经理对这四个工厂的安全业绩负责，各工厂的厂长对各自的工厂安全业绩负责，各工厂的每一个业务部门，如生产部或办公室的主管必须确保所管辖区域内（生产车间或办公室）所有人员的安全，包括本部门的工作人员、外来的承包商或者参观者。厂区的安全、卫生、环保（SHE）经理是厂区总经理在安全管理方面的总顾问，负责分析厂区的安全管理数据，引入新的安全管理方法和标准，并就安全管理的宏观方面提出建议，但这些方法的实施和建议的采纳是通过总经理来执行的。安全管理的直线责任制是企业取得安全业绩的重要保障，必须持久地进行下去。

（3）安全是企业核心价值的体现　安全是杜邦公司的四大企业核心价值之一，我们对这种核心价值的体现深有感触。如在休斯敦的La Porte厂区，总经理非常倚重其SHE经理，安全业绩的提升在很大程度上取决于SHE经理的工作。

同时杜邦公司在提拔重用人的时候，SHE经理的提升机会与别的关键部门的经理一样多，甚至更多。在杜邦公司，所有的团队奖励、个人提升、各工厂在杜邦公司内部的地位与形象基本上由该部门的安全业绩决定。在杜邦内部会公布所有工厂的安全业绩，并进行排名，但不对生产业绩或盈利能力进行排名。所以，从事安全管理的人员都会受到从上到下的尊重。这就是安全重于一切的具体体现。

（4）安全管理组织及其职责　杜邦安全管理组织结构是采用直线安全管理方式，从管理架构上充分体现了公司所强调的"谁主管、谁负责"的原则。杜邦公司的专职安全人员大多是从各个领域提拔出来的、具有实际生产经验和管理经验的优秀管理人员，负责宏观安全管理的组织、策划、评估和技术支持等工作。他们在杜邦公司这个重视安全的企业里表现出极大的工作热情，并充满自尊、自信与自豪。

总之，杜邦公司经过200多年不懈努力形成的安全管理模式，是杜邦公司一笔巨大的财富，也是全球共有的财富，是杜邦公司取得良好安全业绩的必然条件。在今天世界经济一体化，世界信息共享的背景下，我国正在新发展理念的指引下，以人为本，创建和实现中国梦。借鉴杜邦的安全管理模式，建立中国企业的安全管理文化，是我们做好安全管理工作的必然选择。

第二节　良好安全创造良好业绩的实例

我国的很多企业很重视安全工作，安全的生产环境提升了企业的业绩。如中央企业神华集团在立足建设现代化矿井的同时，始终把安全生产放在一切工作的首位，切实做到了以科学发展观统领安全生产的全局，发挥了中央企业的控制力、影响力和带动力。该企业切实感受到：能源作为国家的基础产业，其安全生产关系到国计民生，关系到社会的稳定，也决定了安全生产的极端重要性。在抓机制、抓标准、抓基础、抓落实上狠下功夫，坚持科技进步和科技创新，强化安全生产责任制的落实，强化安全教育培训，强化事故隐患治理，强化党政工团齐抓共管，创造了良好的安全工作业绩。

一、神华集团的安全管理理念

理念指导实践，只有形成了先进的安全管理理念，才能在具体生产实践中实现安全生产水平的不断提高。任何外来优秀的管理体系和方法只能为应用者提供一种指导思想、支持平台或运作方法，充分吸收其精华，做到为我所用，才是进一步发展的动力。神华集团充分吸收包括杜邦公司在内的各种管理体系和方法，形成了自己的安全管理理念。

1. 系统管理理念

神华集团在安全管理实践中，通过建立一个总体管理方针和目标，编制一套体系文件，建立一套考核管理机构，进行一体化的审核和管理评审，极大地提高了管理体系的运行效率和效益，为企业整体业绩的提高奠定了基础。其基本理念具体包括：

① 整体性原则；

② 程序化原则；

③ 兼容性原则；

④ 闭环管理原则；

⑤ 持续改进原则。

2. 风险管理理念

风险管理的理念告诉我们，安全是相对的，不是绝对的，只要按照安全经济论的要求，采取技术的、管理的措施，把风险控制到可接受的程度，就是安全的。而识别和确定危险源的存在和其风险是安全管理的基础，所有危险皆可控制。

① 所有意外均可避免，所有风险皆可控制。这和杜邦公司的安全理念是一脉相承的。因为事故的发生有其必然规律，只要能够及时消除隐患，所有事故都可以避免。发现和消除显性的隐患很容易做到，最重要的是管理者和作业人员要通过风险意识，感悟事物的本质和变化的能力，预见性地在看似安全的状态下发现潜伏的隐患。只有感悟不到的隐患，没有避免不了的事故。只要管理到位，所有事故都可以避免。

② 安全生产要实现向源头管理的转变。实现安全生产，必须从源头加以控制。通过风险管理，让员工全面认识和了解不这样做的危害，也为管理层决策和资源配置提供依据，从而突破将重心放在事后救火，将掌声送给"危机英雄"的模式。

3. 文化管理的理念

① 只有超越传统安全监督管理的局限，用安全文化去塑造每一位员工，从

更深的文化层次来激发员工"关注安全，关爱生命"的本能意识，才能确立安全生产的长效机制，实现安全生产的长期稳定。

② 员工是企业最宝贵的财富，以人为本，关爱员工，重视员工的安全生产成就，才能激发员工对企业的认同感，才能保持高昂的士气、安全生产情绪和安全工作热情，才能形成团队效应。

③ 安全生产是企业应承担的社会责任和义务。企业的发展，尤其是煤矿企业的发展会对周边环境造成影响，企业生产经营过程中也会对员工造成一定的风险，消除这种影响、减小这些风险，是企业应尽的责任和义务，这也是建设企业安全文化的重要内容。

④ 行为管理是企业安全文化建设的重点。按照事故统计分析，80%的事故是由人的不安全行为引起的。制定书面安全工作程序、实施行为观察等，是控制人的不安全行为的有效手段。但更重要的是，要以无形的力量影响人的行为。因此，确定企业的核心价值观，用正确的世界观引导员工，以行为科学来建立安全行为管理体系，是企业安全文化建设的重点。

⑤ 全员参与是建立企业安全文化的基础。企业基层员工占大多数，他们每天工作、生活在现场，对安全风险有着切身感受，也是容易受损的对象。强调员工在企业安全生产管理运作与实践中的全员参与，从风险评估开始，使每名员工从不熟悉到自觉参与，提高管理系统的执行力，充分体现全员参与1+1＞2管理的团队效应。

4. 未遂管理的理念

传统安全管理往往只记录发生设备、财产损失或轻、重伤以上人身伤亡的情况，而对未遂事故却基本忽略。未遂事故管理的理念按照冰山理论，强调所有的事件，包括人的不安全行为、隐患、不安全条件等都要记录，从而为查找管理漏洞提供依据。未遂管理的理念要从三个方面理解。

① 事故的发生是由大量不安全因素造成的，坚持对未遂事故进行统计，分析其规律，可以为采取预防事故的措施提供依据。

② 要鼓励员工报告隐患，开辟员工报告隐患和未遂事故的渠道。通过制定管理程序让员工明了如何报告、向谁报告或者采用无记名的方式等。管理层要对员工报告的隐患定期研究答复，从而鼓励其积极性。

③ 事故调查要查出根本原因，绝不能以"三违"一概而论，一罚了之，要真正吸取事故教训，也从一定程度上为提高员工抓好安全生产的积极性创造一定的氛围。

二、危险源识别和风险评估

通过对生产和经营管理活动中危险源和环境因素的辨识与认定，系统地进行风险和影响的评估，并策划出合理、有效的控制措施以降低风险和影响，进而建立起安全管理系统。

1. 工作场所风险评估的作用

工作场所风险评估是一个结构化、可重复和可审核的过程。结构化是指工作场所风险评估是按照先识别危害、进行风险分析和评估，进而进行控制策划和措施制定、建立管理系统这样一个有层次的过程。可重复是指风险评估是经常性的工作，随着危险源的变化，风险评估需要重新进行。可审核是指需要通过定期的审核和回顾来发现风险评估的不足。风险评估的审核往往是与管理系统同时进行的。风险评估具有以下特点和作用。

① 灵活检查特定工作地点和作业场所存在的问题。

② 考虑的风险范围较广。

③ 为劳动力的纵向管理提供有价值的信息，以提高员工素质。

④ 是一个系统的、彻底的、文化的过程。

⑤ 可提高风险管理效率。

2. 工作场所风险评估的原则

① 考虑有关过程和工作场所活动引起的全部风险。

② 适合工作过程的安全要求和工作的性质，其详细的程度应与风险的水平相匹配。

③ 适合保持一段合理且科学的工期。

④ 注意实际操作而不是指导说明。

⑤ 应考虑工作环境的变化。

⑥ 应考虑风险群组与个体。

⑦ 应考虑所有可能受工作过程和活动影响的因素。

⑧ 应考虑三种状态：正常、异常、紧急。

⑨ 应评价以下因素的系统过程：

a. 最大的风险；

b. 有发展潜能的较小风险；

c. 可能变成主要风险的较小风险；

d. 所有安全、健康、环境管理标准和控制措施的有效性；

e. 对安全、健康、环境缺乏控制和标准的原因；

f. 工作活动的各个方面。

⑩ 应实现规划，切实可行，并鼓励参与。

三、工作场所风险评估的基本类型

1. 基准风险评估

一般是有计划、有组织、全面的风险评估，但不针对具体工作进行详细的分析和研究，它的目的是确定工作场所全部现有风险的概况，以便决定风险评估的项目的重点区域和活动。煤矿风险概述见图10-2和表10-1。提出高风险的区域和活动，用于对基于问题的风险评估提供方向和依据。

表10-1　某煤矿风险概述（工作任务）

序号	任务	风险值	序号	任务	风险值
1	综采工作面割煤	20	13	工作面打眼放炮	20
2	煤机掘进	25	14	更换驱动滚筒	20
3	检查皮带带面	20	15	处理刮板机断双链	18
4	机动车驾驶	20	16	超前支护	18
5	地面强接钻孔更换水泵	16	17	起吊设备检查	12
6	排放瓦斯	16	18	井下电焊气割	12
7	油库柴油存储发放	12	19	处理片帮煤	8
8	巷道安设水泵	12	20	用车辆回收皮带	8
9	延续风筒	6	21	处理铁器杂物	6
10	外出联系业务	6	22	硫化补贴皮带	6
11	安全监视系统安装	6	23	测尘	4
12	接潜水泵	6	24	文体活动	4

在基准风险评估过程中必须要考虑的因素有：

① 法律、法规的要求；

② 任何特定区域的程序；

③ 地理区域的活动；

④ 由程序和行动组成的任务。

在基准风险评估过程中要注意的是：选择和确定的风险概述对特定工作场所是最适合的。在确定风险概述时，要保证组织所有重大风险都被识别，所有重大风险都包括在风险概述当中。如果划分地理区域不恰当,可能导致部分活动引起的重大风险被忽略或遗漏。

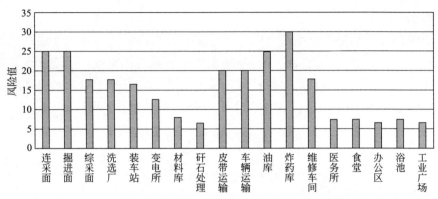

图 10-2 煤矿风险概述

2. 基于问题的风险评估

基于问题的风险评估,一是对基准风险评估中所确定的具有重大风险的活动、区域、职业及任务进行详细的评估研究,分析具体活动项目或区域的风险,研究控制风险的措施和对策;二是对由于管理的变化,需进行重新评估。管理变化一般是由下述原因引起的。

① 事故、意外或"危险事件"发生后。
② 有新的(或更改)设计、规划、设备或工艺等。
③ 在持续风险评估过程中明显暴露的问题。
④ 员工、管理者或受影响的投资方的要求。
⑤ 基准风险发生变化。
⑥ 员工获得风险级别方面的新知识和新信息。
⑦ 对可接受的风险理解的变化等。

四、工作场所风险评估方法

1. 工作场所风险评估程序

工作场所风险评估的基本流程如图 10-3 所示。

2. 工作场所风险评估的步骤

按如下七个步骤进行:①准备;②危险辨识;③危害转化为风险;④划分风险等级;⑤评估现有控制措施的有效性;⑥量化风险;⑦分析和确定补充控制措施。

在工作场所风险评估中危险辨识的具体方法如图 10-4 所示。

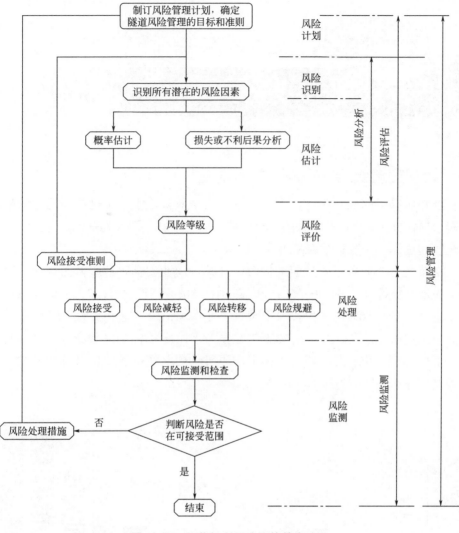

图 10-3　工作场所风险评估基本流程

图 10-4　危险辨识具体方法

第三节 杜邦的安全业绩

一、杜邦安全业绩

杜邦所取得的安全生产、安全管理、安全效益、安全文化方面的业绩是举世瞩目的。杜邦以200多年来的安全实例、历史数据和记录为基础，总结了其在安全管理过程中的经验教训和所取得的成果。

在公司生产业务不断发展的同时，杜邦在职业安全和健康方面也保持着卓越的表现，据统计，其370个工厂和部门中，80%没有发生过工伤病假及以上的安全事故，至少50%的工厂没有出现过工业伤害记录，有20%的工厂10年以上没有发生过伤害记录。多年来20万工时损工事件发生率在0.3以下。杜邦事故率比工业平均值低90%，杜邦员工在工作场所比在家里安全10倍。杜邦的安全表现与其他行业的比较见图10-5。

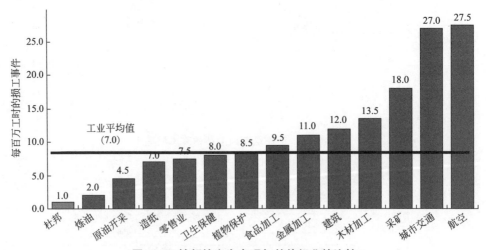

图10-5 杜邦的安全表现与其他行业的比较

在全球160个地方，杜邦每天雇佣28000个承包商工人工作，但杜邦却是承包商工人伤害率最低纪录拥有者之一，每年因此而节省了数千万美元。

凭借着200多年积累起来的安全知识，杜邦赢得了全球工业楷模的声誉，杜邦的安全理念也被推向了全世界。自1970年以来至今，杜邦的安全管理咨询顾问已经帮助全球上千家企业降低其工作场所伤害及死亡事故。杜邦的安全业绩见表10-2。

表10-2 杜邦的安全业绩

项目	杜邦	化学工业平均	全工业平均
失时1小时发生率①（LWC）	1.5	9.5	14.0
失时工伤次数（LTI）	28	1288	3584
失时工伤成本/美元	28000	28000	28000
每年总工伤成本/百万美元	0.78	36.06	100.35
每年节省/百万美元	—	35.28	99.57

① 根据2000年损失统计。

二、杜邦安全管理的成本与效益

1.安全事故的经济分析

说到安全，你想到什么？是钱？还是收益？安全事故发生时会有损失，而成本也是冰山效应。美国每年安全损失大约有700亿美元。然而安全事故涉及方方面面，看不到的间接损失就更大，间接损失是直接损失的3~5倍。控制了安全事故，就是控制了这些成本。一旦发生事故，对员工、对用户都产生影响，对股票发生影响，对公共形象发生影响。可能带来业务中断，不遵守法律要受到处罚，可能要赔偿，可能被起诉，工厂可能要重建，对公司声誉和市场资本产生影响，公司甚至可能破产倒闭，领导者还要承担责任。这些都是事故的影响。

2.安全管理的价值

防止了事故，首先是挽救了生命。在美国，每天有16人死于与工作相关的伤害，包括职业病、工伤等。在中国，近年的统计数据是每天460多人，安全管理的价值就是体现了保护生命。其次是经济上，美国每起事故有28000美元的损失，间接损失是该数字的3~5倍。杜邦安全管理业绩每百万小时事故工伤率是1.5，而化学工业平均是9.5，美国全工业平均是14。杜邦每年发生28起损工事件以上的事故，直接损失大约是780万美元。与美国化学工业平均水平相比，每年节省3500万美元；与美国全工业平均相比，每年节省100亿美元。

杜邦公司的财产没有保险，他们认为自己的财产可以自己保险，所以特别重视安全。杜邦公司是把这些省下来的钱又作为安全上的投入。我们可以算一笔账，过去五年来杜邦公司安全事故造成多大损失，假如还保持现状，就意味着今后五年还要有这么一笔钱投入。如果把这笔钱作为投入，投放到安全上去，从长远考虑，成本没有增加，就是用途不同，但得到的很多，挽救了生命，公司在市场上有了好声誉。特别是现在随着中国企业走向全球，安全和环境方面具有举足轻重的影响。所以要算安全投入这笔账，不能局限于投了多少钱，要想一想过去安全事故有多少损失，要是把这笔钱投入到安全上去，产生的效益是荣誉、信誉、生命。

三、杜邦安全文化的建设

1.安全文化的作用

什么是安全？安全是一种状态，即通过持续的危险识别和风险管理过程，将人员伤害或财产损失的风险降低并保持在可接受的水平或以下。我们现在抓的安全就是对人自身的尊重，是人性化管理，以人为本。没有了"我"，再大的经济利益对"我"没有任何意义。安全文化的作用是相当大的，文化主导人的行为，行为主导态度，态度决定后果。建立企业安全文化就是要让员工在安全的环境下工作，来改变员工的态度，改变行为，行为改变就是安全，公司就在安全下运行。

安全文化要做什么？如果要改变员工行为，首先要改变安全文化。所以要了解企业文化中哪些主导了员工行为，而这些行为是不希望出现的。要知道加入哪些因素，才能使得员工成功。就是说要了解哪些因素是要的，哪些因素是不要的。还要了解哪些因素是缺的，要加入企业中。这样就完善了企业安全文化建设的要素，并且要巩固和发展。

安全文化如何改变？企业安全文化对员工的作用是影响其态度、行为、后果、表现，员工行为是受到企业安全文化影响的。如果企业没有安全文化，员工在工作中就会表现出不安全的行为，后果就是不安全。文化还有间接的影响，员工的态度受到事故事实影响，发生安全事故了，员工相信这样做是错误的，也会改变行为。这同样说明，员工的行为是受到安全文化影响的。区别在于一个是从正面引导，一个是让事故去影响。所以我们需要让安全文化驱动员工的安全行为，要对员工提供长期连续的行为安全教育。

要改变员工的行为不是一天两天，要有长远规划，是不断自我发现、反复教育的过程，让员工意识到自己的不安全行为、不安全态度对企业的影响，在自我发现中改变其态度、价值观，最终改变其行为。

2.安全文化的建立过程

杜邦安全文化建设有四个阶段：自然本能阶段、严格监督阶段、独立自主管理阶段、互助团队管理阶段。这是对安全文化理论的模型总结。

第一阶段自然本能阶段，企业和员工对安全的重视仅仅是一种自然本能保护的反应；缺少高级管理层的参与，安全承诺仅仅是口头上的，将职责委派给安全经理；依靠人的本能；以服从为目标，不遵守安全规程要罚款，所以不得不遵守。在这种情况下，事故率是很高的，事故减少是不可能的，因为没有管理体系，没有对员工进行安全文化培养。

第二阶段严格监督阶段，企业已经建立起必要的安全管理系统和规章制度，各级管理层知道安全是自己的责任，对安全做出承诺。但员工意识没有转变，依然是被动的。这是强制监督管理，没有重视对员工安全意识的培养，员工处于从属与被动的状态。在这个阶段，管理层已经承诺了，有了监督、控制和目标，对员工进行了培训，安全成为受雇的条件，但员工若是因为害怕纪律、处分而执行规章制度的话，是没有自觉性的。在此阶段，依赖严格监督，安全业绩会大大提高，但要实现零目标，还缺乏员工的意识。

第三阶段独立自主管理阶段，企业已经有了很好的安全管理制度、系统，各级管理层对安全负责，员工已经具备了良好的安全意识，对自己工作的每个方面的隐患都十分了解，员工已经具备了相当的安全知识，员工对安全做出了承诺，按规章、制度、标准进行生产，安全意识深入员工内心，把安全作为自己的一部分。其实讲安全不是为了企业，而是为了保护自己，为了亲人，为了自己的将来。有人认为这种观念自我意识太强，奉献精神不够。当然国家需要的时候，我们还得有民族意识。但讲安全时，就要这么想，如果每个员工都这么想，这么做，每位员工都安全，企业能不安全吗？安全教育要强调自我价值，不要讲安全都是为了公司。

第四阶段互助团队管理阶段，员工不但自己注意安全，还要帮助别人注意安全，留心他人，把知识传授给新加入的同事，实现安全生产经验分享。

我们可以评估一下本单位安全文化建立过程处在哪个阶段，目标是要达到哪个阶段，还要多久才能达到目标，通过哪些途径、方法达到目标。

3.改变安全文化的关键要素

怎样才能建立一流的安全文化？重要的是去做。要员工注意安全，高级管理层首先要主动去做，承诺和建立起实现零事故的安全文化，工作上要重视人力、物力、财力，要有战略思想的转变，从思想上切实重视安全。要体现"有感领导"，要有强有力的个人参与，要有安全管理的超前指标，如果达不到这个指标，意味着要出事故，不要以出事故后的指标为指标。要有强有力的专业安全人员和安全技术保障，要有员工的直接参与。要对员工培训，让每个员工参与安全管理，这样才能实现零事故。要改变导向，从以结果为基础转变为以过程为基础，重视事故调查，不要等事故发生后给予重视，过几年又不重视然后又发生事故，又重视，反复振荡，要从管理层驱动转变为员工驱动转变，从个人行为转变为团队合作,从断断续续的方法转变为系统的方法,从故障探测转变为实况调查,从事后反应转变到事前预防,从快速解决到持续改进。要对自己的情况有评估,使管理层有能力管理,对现状评价,知道哪里要改进,进行持续改进,这就是安全文化发展的过程。

　　安全是当今世界上最优先的问题。因此,如何将安全作为企业的一个核心价值,同时使高层领导参与其中,并最终看到持续的变化和显著的改善,对此,杜邦给出了满意的答案。

第十一章 员工的直接参与是关键

杜邦公司十大安全理念之十是：员工的直接参与是关键。事实上，员工直接参与企业的安全管理，体现了"安全生产，人人有责"的原则，也反映了员工参与使安全生产的决策、管理更加人性化，也落实了我国《安全生产法》规定的员工的知情权、参与权、举报权、赔偿权等。因此，早在若干年前杜邦公司提出的十大安全理念就有"员工的直接参与是关键"，说明安全生产是有规律可循的，是符合亿万劳动者的需求的。

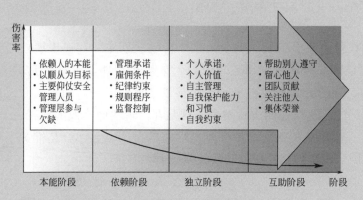

第一节 员工参与安全管理过程中的关键条件

依据我国《安全生产法》之规定：生产经营单位的工会依法组织职工参加本单位安全生产工作的民主管理和民主监督，维护职工在安全生产方面的合法权益。生产经营单位制定或者修改有关安全生产规章制度，应当听取工会的意见。我国工会的基本职能如下。

1.参与职能

代表和组织职工参与国家和社会事务管理，参与企业、事业单位民主管理，实施民主监督，是工会代表职工权益，依法维护职工利益的重要渠道、途径和形式。特别是在社会主义市场经济的形成过程中，工会履行参与职能更具迫切性和必要性。工会要加大对法律法规执行情况开展群众性监督的力度，主动参与立法，从源头上依法维护职工的权益。

2.维护职能

维护职工合法权益是工会的基本职责。由于劳动关系主体存在隶属性，劳动者隶属于用人单位，在劳动者和用人单位这对矛盾中很明显劳动者是弱者，是需要保护的对象。劳动者为了取得平衡，应该依法组建工会，加入工会，在工会的组织下为自己的合法权益而进行抗争，这是非常现实而有效的途径之一。工会维护了职工的合法权益，就是维护了党与群众的血肉联系，就是维护了稳定的大局，就是维护了我党的执政地位和执政基础。

3.建设职能

工会代表和维护的职工具体利益的最终实现在于促进经济的发展和生产力的提高。所以，工会必须从工人阶级的长远利益出发，引导广大职工群众参加建设和改革，努力完成经济和社会发展任务，积极推动社会经济效益和生产力的提高。

4.教育职能

教育职能包括思想政治教育和文化技术教育。在新时期，劳动者已成为独立、自主、自由的劳动者，要自我决策、自我负责、自我发展；在劳动力市场中，劳动者的地位、利益完全取决于个人的素质，要在激烈的市场竞争中取胜，要有效地维护自己的合法权益，就必须有较高的素质。这就需要学习，接受教育。因此，工会为了更好地维护职工合法权益，就必须履行好教育这一职能。

从工会的职能来看，就有参与的职能，因此，在安全生产和安全管理过程中，工会代表员工有参与的职能，这也是我国《安全生产法》的规定。工会在安全生产方面的职能见图11-1。

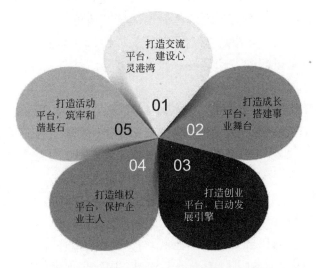

图11-1 工会在安全生产方面的职能和作用

杜邦公司认为：没有员工的参与，安全是空想。安全是全员的事，没有全员参与，安全就落不到实处。在这里我们通过学习实践杜邦公司的安全理念和落实我国《安全生产法》，认为员工直接参与企业的安全管理和安全生产，有如下几点特别重要。

一、四个关键条件

1.授权

即企业给员工一定的用以参与安全管理做出决策的权力，如任务安排、完成进度、工作方法等。这是员工参与企业安全管理最基本的条件之一。

2.企业信息

包括来自企业内外部的短期规划、业务调整、竞争对手情况等资料和数据。把企业信息及时互动地传递给员工使之作为决策参考，不仅提高了决策的有效性，而且是企业组织内最有效的沟通手段。

3.知识体系

员工参与安全管理做出决策的质量取决于自身的知识体系。针对有的企业全员安全素质低的现状，企业在提高全员安全素质时给予的必要的安全培训一直是单方面的。而要想同员工达到互动，必须让员工对现有的安全知识技能有本领恐慌感，这样可以提高员工接受新安全知识的主动性。实践证明，员工积极掌握先进的安全理念和先进的安全知识，对于参与企业的安全决策具有十分重要的基础作用。

4. 报酬

报酬是企业对员工参与管理过程做出决策的认可和肯定。如果光有付出而没有回报，只会挫伤员工参与安全管理的积极性。事实上，任何劳动都要获得一定的报酬，没有报酬的劳动是没有质量的劳动，甚至会给企业的安全生产工作带来负面效应。

要想让员工参与企业安全管理过程，有效落实员工直接参与企业的安全管理，必须针对以上四个关键条件将参与过程制度化，只有这样才能保持员工的参与热情，调动员工的参与积极性，将员工利益同企业利益紧密联系到一起。

5. 四个因素间的关系

在参与管理的过程中，这四个方面的因素必须同时发挥作用。如果仅仅授予员工做决策的权力和自主权，但他们却得不到必要的信息和知识技能，那么也无法做出好的决策。如果给予了员工权力，同时也保证他们获取足够的信息，对他们的知识和技能也进行训练和提高，但并不将绩效结果的改善与报酬联系在一起，员工就会失去参与管理的热情。因此，正确处理好这四个方面的关系是企业领导者必须解决的重大问题。

二、三种主要方式

1. 品质参与式

由组织内部员工组成品质管理小组，因为他们身处企业的技术层，对技术问题的解决、技术的改进最了解，而技术是产品参与市场竞争的基础，品质管理小组定期开会，共同讨论技术问题，探讨问题的原因，提出解决建议以及实施解决措施。品质管理小组相应承担着解决质量问题的责任，对实际工作进行反馈并对反馈总结评价。品质管理小组还承担着对员工进行技术培训的责任。这里所说的"品质"包括安全管理的品质和安全技术的品质。

2. 内部创业式

内部创业式是企业为了不断增强发展后劲，必须进行的创业，以求企业做大做强，在激烈的市场经济大潮中站稳脚跟。内部创业切记不能丢掉安全生产这个基础，因为没有安全的进度是无效的进度，没有安全的质量是不可靠的质量。所以，在企业内部创业时，必须以安全作为前期、条件、先导。

3.代表参与式

某些特定的安全管理决策并不适合全体员工都直接参与，通过职工代表大会选出一些代表，直接代表全体员工的利益参与企业安全管理决策即可完成全体员工的心愿。此时必须建立同企业体制配套的积极向上的企业安全文化。

在我国，职工代表大会是表达广大员工意志、发挥员工权益的最好形式。因此，职工代表是完全可以代表员工参与企业安全管理的。现在某些企业有一种现象："员工真难管理，素质普遍低，对企业的事他们所持的态度是事不关己，高高挂起""员工自觉性真差，光知道用水就是不知道关水龙头，警告了无数次都不顶事儿"……这些话在企业不知出现了多少次，制度是有了，但一直不能起作用，原因何在？这一直是安全管理人员所关注和急需解决的问题，能想到的解决方法无非是依靠有效的管理制度来提高员工的自律性。可结果常常是治标不治本，要想彻底从根本上解决这些问题，我们必须从营造一个积极向上的企业安全文化入手。从长远来看，经济竞争的最高层次是文化的竞争。企业安全文化是凝结在产品上的人类的智慧和精华，是渗透到企业安全运行全过程、全方位的理念、意志、行为规范和群体风格。强烈而和谐的企业安全文化对企业的生存发展具有至关重要的作用，即企业应有鲜明的安全价值观，有明确的安全指导方针，有强烈的安全经营信念。正如海尔集团提出的"球体斜坡论"理论，企业的安全工作，如在斜坡上的球一样，不努力向上，就有可能自己滚下，它受到市场竞争和内部职工惰性形成的下滑力的作用。

参与管理（management by participation）就是指在不同程度上让员工和下属参加组织的决策过程及各级管理工作，让下级和员工与企业的高层管理者处于平等的地位，研究和讨论组织中的重大安全问题，他们可以感到上级主管的信任，从而体会出自己的利益与组织发展密切相关，而产生强烈的安全生产责任感。同时，参与安全管理为员工提供了一个取得别人重视的机会，从而给人一种成就感。员工因为能够参与商讨与自己有关的安全问题而受到激励。参与安全管理既对个人产生激励，又为组织安全目标的实现提供保证。

第二节 员工参与安全管理的理论基础

一、参与管理的理论基础

参与管理的理论基础是管理学家所提出的关于人性假设的理论。20世纪30年代,美国心理学家梅奥(E. Mayo)在霍桑实验后提出了"社会人"假设。认为人的工作以社会需要为动力,人们希望管理者能够满足自己的社会需要和自我尊重的需要。持这种人性假设的管理者提出了"参与管理"的形式,让职工在不同程度上参加企业决策的研究和讨论。20世纪50年代末,麦格雷戈(D. McGregor)等人提出了"自动人"的人性假设,并结合管理问题,概括为Y理论。这种理论认为人有自我实现的需要,人的才能和潜力充分地发挥出来,人才能感受到最大的满足。麦格雷戈认为,在适当的条件下采取参与管理,鼓励人们把创造力投向组织的目标,使人们在与自己相关的事务的决策上享有一定的发言权,为满足他们的社会需要和自我实现需要提供机会。

参与管理方式的出现可以追溯到20世纪50年代的工作生活质量(quality of work-life)运动的兴起。管理者及有关的研究者注意到了员工在工作中的健康、安全,特别是工作满意度的问题。20世纪60～70年代,西方国家通过立法和政府成立有关组织的方式来关注和改善工作生活质量。员工参与管理就是提高工作满意度,改善工作生活质量,从而成为提高生产力的一种管理手段。麦格雷戈将员工参与管理定义为发挥员工所有的能力,并为鼓励员工对组织成功做更多的努力而设计的一种参与过程。其隐含的逻辑是:通过员工参与影响他们的决策、增加他们的自主性和对工作生活的控制,员工的积极性会更高,对组织会更忠诚,生产力水平更高,对他们的工作更满意。杜邦公司就是基于以上的理论,结合自己企业安全工作的实际,在事故的教训下,提出"员工的直接参与是关键"的安全理念的。实践证明是完全适合我国企业安全生产管理工作的。

二、员工参与管理的作用

员工参与管理的程度不仅关系到员工个人的职业发展和自我价值的实现,

还关系到能否有效地约束监督企业经营者，以保证经营决策的科学性和及时性，更关系到企业能否获得持续发展，能否做大做强。从实践中可以看出，员工参与管理的重要作用主要表现在以下几个方面：

1. 员工参与管理有利于员工的自我价值的实现和个人的职业发展

提高员工参与积极性，促使员工有更好的动力，更高的生产率和使公司更赢利。让员工参与管理，可以实现和加强员工在公司的主人翁地位，从而更好地保护员工的合法权益，调动员工的安全生产积极性、创造性。

2. 让员工参与管理能够更有效地约束监督企业经营者

员工参与管理能保证经营决策的科学性和及时性。如果没有形成相互的监督制约，管理者的行为的随意性较大，员工心理容易失衡，因此让员工参与管理，可以改变监督的单向性，使企业中的每个成员既是管理者又是被管理者。

3. 让员工参与管理有利于增加企业中的信息传递与流动

国外专家提出员工参与能增加组织中的信息流动。通常，在组织中似乎完成不太重要任务的员工往往还能获得有价值的信息，而高级经理通过参与管理实践，更容易获得这样的信息，因此，鼓励员工更自由地分享信息而提高安全工作绩效。

4. 让员工参与管理有利于企业的生存和发展

员工是企业的核心组成要素，是企业的灵魂，让员工参与到企业的管理中去，能促使员工热爱企业，愿意在企业中积极努力工作，无形中将自己当成企业的主人，因而在很大程度上会更加有力地促进企业的发展。

5. 员工参与安全管理能有效地提高生产力

第一，员工参与安全管理可以增强组织内的沟通与协调。这样就通过将不同的工作或部门整合起来为一个整体的任务目标服务从而提高生产力。第二，员工参与安全管理可以提高员工的工作动力，特别是当他们的一些重要的个人安全需要得到满足的时候。第三，员工在参与安全管理的实践中提高了能力，使得他们在安全生产工作中取得更好的成绩。组织在增强员工参与安全管理的过程中通常包含了对他们的集体解决问题和沟通的能力的训练。

三、员工参与管理的主要形式

员工参与安全管理有多种形式，最主要的形式是分享决策权、代表参与、质量圈和员工股份所有制方案等。

分享决策权是指下级在很大程度上分享其直接监管者的决策权。管理者与下级分享决策权的原因是当工作变得越来越复杂时，他们常常无法了解员工所做的一切，所以选择了最了解工作的人来参与决策，其结果可能是得到更完善的决策。各个部门的员工在工作过程中的相互依赖的增强，也促使员工需要与其他部门的人共同商议。这就需要通过团队、安全生产委员会和集体会议来解决共同影响他们的问题。共同参与安全工作决策还可以增加对安全工作决策的承诺，如果员工参与了安全工作决策的过程，那么在安全工作决策的实施过程中他们就更不容易反对这项安全工作决策。

代表参与是指工人不是直接参与安全工作决策，而是一部分工人的代表进行参与。西方大多数国家都通过立法的形式要求公司实行代表参与。代表参与的目的是在组织内重新分配权力，把劳工放在同资方、股东的利益更为平等的地位上。代表参与常用的两种形式是工作委员会和董事会代表。工作委员会把员工和管理层联系起来，任命或选举出一些员工，当管理部门做出重大决策时必须与之商讨。董事会代表是指进入董事会并代表员工利益的员工代表。

质量圈是由一组员工和监管者组成的共同承担责任的一个工作群体。他们定期会面，通常一周一次，讨论技术问题，探讨问题的原因，提出解决建议以及实施解决措施。他们承担着解决质量问题的责任，对工作进行反馈并对反馈进行评价，但管理层一般保留建议方案实施与否的最终决定权。员工并不一定具有分析和解决质量问题的能力，因此，质量圈还包含了为参与的员工进行质量测定与分析的策略和技巧、群体沟通的技巧等方面的培训。当然，这个质量圈包括安全管理质量和安全技术质量。

员工股份所有制方案是指员工拥有所在公司的一定数额的股份，一方面使员工将自己的利益与公司的利益联系在一起，另一方面使员工在心理上体验做主人翁的感受。员工股份所有制方案能够提高员工工作的满意度，提高工作激励水平。员工除了具有公司的股份，还需要定期被告知公司的经营状况并拥有对公司的经营施加影响的机会。当具备了这些条件后，员工会对工作更加满意。员工股份所有制把企业变成是自己的，自己的安全自己管，自己企业的安全工作自己必须操心，否则发生了事故受损的是自己。

员工参与管理的方式，在一定程度上提高了员工的工作满意度，提高了生产力。因此，参与管理在西方国家得到了广泛的应用，并且其具体形式也不断推陈出新。近年来，我国的企业也注重使用参与安全管理的方式，例如许多企业开始采用员工股份所有制方案。但是，参与安全管理并非适用于任何一种情况。在要求迅速做出安全决策的情况下，领导者还是应该有适当的权力集中。而且，参与安全管理要求员工具有实际的解决安全管理问题的技能，这对于员工来说并不是都能做到的。

第三节 员工的认同和参与是企业安全文化建设的关键

在全球经济一体化、市场竞争日趋激烈的今天，企业安全文化在企业经营管理中日益彰显其重要性，也是企业核心竞争力的有力保障。企业安全文化的关键是得到企业全体员工的理解、认同、参与和实践，如何让员工认同企业的安全文化，使企业安全文化深入人心并转化为其安全自觉行为，是关系企业安全文化成败的关键。做好安全文化须搞好以下几项工作。

一、以员工为本，抓好民心工程

企业只有以员工为本，让员工共享安全发展成果，才能使员工产生归属感，成为忠诚员工，企业安全价值理念才能得到员工认同，成为员工对企业的"心理契约"，变成一种群体实践，实现与企业的共赢，企业安全文化也才能可持续发展。因此，企业要不断满足员工的物质、精神文化等多方面需求，尊重员工在企业的主体地位，发挥员工的安全首创精神，促进员工的全面发展。人们认识到由于企业内外竞争加剧，员工的压力不断加大，容易产生负面情绪和心理问题，使对员工的帮助出现新的需求。企业还需要加强对员工的心理疏导和人文关怀，缓解员工工作压力和负面情绪，构建浓厚的人情味，进而提高员工工作绩效。近年来，有些集团公司坚持"依靠职工、发展成果惠及职工"的原则，抓民心工程，着力解决职工最关心、最直接、最现实的问题。公司每年坚持为职工办实事、办好事，兑现职代会承诺，改善职工生活居住条件，让职工切实感受到企业发展带来的变化。关心困难职工生产生活，深入开展慰问、救助、送温暖活动，建立困难职工帮扶中心、金秋助学基金、大病救助基金，对困难职工进行帮扶，资助困难职工子女上大学，解决好弱势群体的实际困难，让职工感受到企业的温暖。完善企业文化娱乐设施，丰富职工文化生活。增强医疗设备水平，改善职工医疗条件。把职工的生命安全和身心健康放在首位，坚持以人为本、生命至上，加大安全投入。重视职工的自身完善，加大对职工的安全培训，努力实现职工与企业同步发展。通过评聘、招聘、选聘等形式，合理配置人才资源，人尽其用，促进了企业和员工的共同发展。

二、加强沟通，提升员工对企业安全文化的认同度

企业安全理念只有得到员工认同，内化于安全思想，才能细化到安全工作环节，成为一种安全力量，成为真正的安全文化。员工对企业安全文化的认同程度，是决定工作态度、行为方式和工作绩效的关键因素，也是企业安全文化能否得以继承与发扬光大的重要因素。只有通过春风化雨、潜移默化的过程，加强沟通渠道建设，鼓励员工积极参与，广泛讨论、加强交流沟通并反馈情况，才能使企业安全文化得到广大员工的认同。企业在工作、生活上关心员工，认真听取员工的意见和要求，做到领导和员工意见沟通、感情融洽。定期召开公司职代会，共商安全发展大计；深入开展信访接待、领导一帮一活动，面对面听取职工反映，解决职工实际问题，增进干群关系。公司领导者还应创造各种机会让全体员工积极参与、共同探讨企业安全文化，并通过事故案例教育，或自上而下、自下而上双向沟通，让员工理解和认同企业安全理念和安全价值观。还应围绕企业安全文化建设的目标，举行各种集体活动，如举办企业安全文化知识竞赛、安全知识专题讲座、安全生产经验交流会、安全工作主题晚会、安全在我心中演讲比赛等，让公司上下进行广泛的讨论，促使员工加深认识、领悟企业精神，并转化为安全生产的自觉行动。此外还通过在职培训等形式，增强职工对企业安全文化系统的认识，让职工人人参与其中，从"要求我这样做"转化为"我应该这样做""我就想这样做"。

三、树立榜样，以模范员工的精神激励职工

树立榜样、典型引导是建设员工安全文化的一种重要而有效的方法。企业中"英雄人物"的言行为职工提供有血有肉的样板，是他人的榜样，是企业平凡的典型，把英雄情节转化为英雄行动，更容易激发全员性的安全工作动力。在平凡的工作中，造就出足以带动团队的作业英雄、管理精英，用精英品牌、首席员工、素质金字塔，可以激发安全生产争先创优的巨大热情和积极性。为弘扬正气，发挥典型的示范导向作用，用先进典型引导人、激励人、鼓舞人，努力建设"大安全"工作格局，有些集团公司在全公司范围内开展了"感动公司十大人物"评选活动，通过评选表彰活动，在全公司树立一批先进典型。选树孝老爱亲模范，感动公司的十大精神道德建设方面的先进模范人物，查隐患十大标兵，十大优秀安全员等，为全公司的职工树立了学习的榜样。公司还应结合企业科学发展、安全发展实际，定期召开科技大会、科技表彰大会和劳模表彰大会，开展各专业多种首席员工评比、工种技术比武、技术创新、小改小革等活动，定期评选"三类"人才（杰出人才、拔尖人才、科技标兵）和先进

工作者、先进班组，全面命名一批首席员工、技术状元和技术能手，给予大力的表彰奖励，激发职工学知识、学技能、练本领的积极性，营造比学赶超的良好氛围。在这样的企业工作大家感到：工作就是一种享受、是一种幸福、是一种美好，何愁安全工作搞不好呢？

四、广泛宣传，培养主体意识，倡导员工积极参与

企业安全文化建设要取得实效，必须了解员工状况和实际感受，使员工由被动参与为主动参与共建，才能使安全文化深入人心，变成员工自己的安全文化。为此，企业要加强安全文化的宣传、阐释和灌输，用浓厚的企业安全文化氛围去感染、影响大家，从而逐步提高员工对企业安全文化的认可度；要广泛地征求意见，创造各种机会让全体员工参与进来，共同探讨并认同公司的安全文化；要培养主体意识，吸引职工参与企业的民主管理。有些公司通过企业文化长廊、展览室、企业报纸、电视、板报、报告会、局域网等各个沟通渠道对企业安全文化进行宣传和阐释，并对宣传效果进行考核；通过向员工发放企业安全文化手册，举行企业安全文化知识竞赛、在职安全培训等，让员工了解、学习并牢记企业安全文化的内涵，并使职工人人参与其中；在全体员工中开展企业安全理念征集活动，广大干部职工集思广益，深入讨论，提出了许多真知灼见，经汇总、筛选和归纳，形成企业安全理念体系，通过企业安全理念征集，使企业上下对企业使命、追求、核心价值观达成共识。公司尊重职工的主体地位，坚持职代会制度，有效地开展合理化建议和自主管理活动等，发动职工参与企业民主管理，确保员工对企业重大情况知情权、参与权。公司在每次职代会召开之前，坚持把企业重大决策、经营方案、规章制度、改革措施等全面公开，由职工广泛讨论，保证职工代表在职代会上提出安全管理要求的同时，调动职工的安全生产积极性、创造性。在涉及企业重大决策、经营方向以及关系职工切身利益等重大问题上，都积极听取职工的意见和建议，并形成制度，有效地推动了企业安全文化建设的健康发展。

总之，优秀的企业安全文化必然需要员工的广泛参与和实践。企业安全文化建设是一个渐进累积的长期的系统工程，需要坚持不断实践。完全可以相信，只要不断创新思路，开阔视野，按照企业安全文化建设的标准，努力在创建的深度、广度和力度上下功夫，在求精、求细、求实上做文章，在创新、造就、奉献上求发展，就一定能改变目前员工在企业安全文化建设中的被动状况，提升员工对企业安全文化的认同度，激发员工的参与热情，开创企业安全文化建设的新局面。

第四节 安全生产必须让员工参与进来

在当代社会，参与、协作、奉献已成为现代企业员工值得倡导的一种意志状况和思想境界。参与安全生产管理是企业满足员工各种需求和效率、效益要求的基本方法。员工通过参与企业安全管理，发挥聪明才智，得到比较高的经济报酬，改善人际关系，实现了自我价值。而且由于员工的参与，改进了工作，提高了效率，从而达到更高的效益目标。根据日本公司和美国公司的统计，实施员工参与安全管理可以大大提高经济效益，一般都可以提高50%以上，有的可以提高一倍至几倍。打造一个执行力很强的团队，首先是要塑造良好的企业安全文化，通过企业安全文化，树立共同的价值观，用共同的价值观来引导整个团队。其中，提炼出企业的核心价值观是关键的一环，让企业核心价值观像灯塔一样，引导员工的行动。

我们一再强调，企业安全文化是一种管理手段，塑造企业安全文化的根本目的是改造人。那么，毋庸置疑，企业核心价值观的提炼和塑造由员工自己参与形成，通过参与管理，员工起到了塑造价值和传递价值的双重作用，使得后期价值观的推进和导入肯定要顺利得多。

企业价值观不是领导或"一把手"的价值观，而是共同的价值观，要得到大家的认同，首先要征求大家的意见。企业高层管理者应该创造各种机会让全体员工参与进来，探讨共同的价值观，通过广泛的宣传和讨论，让全体员工都知道企业价值观是怎么产生的、倡导什么、反对什么、什么该做、什么不该做。企业价值观确立之后的重要环节就是导入，其实也就是把理念转化为行动的过程。在进行导入时，不要采取强压式的，而是要让大家先结合自己的具体工作进行讨论，首先必须明确为什么要树立这样的企业价值观，然后是我们每个人应如何改变观念，使自己的工作处处体现企业价值观。

一、美国福特汽车公司员工参与人情化安全管理案例

1. 尊重信任每一位员工

亨利·福特二世十分重视员工的问题。他认为应该像过去重视机械要素那样，重视人性要素，这样才能解决战后的工业问题；而且，劳工契约要像两家

公司签订商业合同那样，进行有效率、融洽的协商。

当然他也是这样做的。他启用贝克当总经理，目的是改变公司员工消极怠工的局面。贝克也不负众望，他以友好的态度与职工建立联系，使他们消除了怕被解雇的顾虑，也善意批评他们不应消极怠工，互相扯皮。劳资双方应当为了共同的利益同舟共济。同时对安全生产问题也虚心听取工人们的意见，并积极耐心地着手解决每个安全问题，与工会主席一道制订了一项《雇员参与计划》，在各车间成立由工人组成的"解决问题小组"。福特公司还经常组织由工人和管理人员组成的代表团到世界各地的协作工厂访问并学习先进经验。

目前，福特公司内部已形成了一个"员工参与计划"。员工投入感、合作性不断提高，而这一切的改变就在于公司上下能够相互沟通；管理层、工人改变了过去相互敌对的态度。领导者关心员工，也因此引发了员工对企业的"知遇之恩"，从而努力工作，努力促进安全与发展。

2.赋予员工参与安全工作决策的权利

公司赋予了员工参与安全工作决策的权利，拉近了员工与管理者的距离，员工的独立性和自主性得到了尊重和发挥，安全生产积极性也随之高涨。"全员参与制度"的实施激发了员工的工作潜力，为企业带来了巨大经济效益。

在福特公司，现已形成一条不成文的宗旨：尊重每一位员工。这个宗旨就像一条看不见的线，贯穿于福特公司安全管理的活动之中，同时也贯穿于企业领导的安全思想。

福特认为，生产率的提高纯粹在于人们的忠诚，他们经过成效卓著的训练而产生的献身精神，他们个人对公司成就的认同感，用最简单的话说，就在于员工及其领导人之间的那种充满人情味的关系。如果当员工找你来谈关于公司生产安全等方面的建议，或其他有关企业其他事宜，而被你拒绝的话，则会使他（她）的自尊心受到伤害，而对安全工作感到心灰意冷，最终影响企业的安全工作和劳动生产率。

福特公司能有今天的辉煌，其独特的员工参与、人情化安全管理应该说起到了很大的作用。

二、全员参与设备安全管理的重要性

设备是企业赖以生存、发展的物质基础。设备的好坏直接影响企业的生存和发展，而设备管理是企业管理最重要的部分之一。俗话说："工欲善其事，必先利其器。"要想利其器只有通过加强设备的维修管理，使其充分发挥效能。不断改善设备技术状态，既延长使用寿命为企业获取最佳经济效益，又使企业的安全生产工作处于有序的控制之中。

设备安全管理的关键是全员参与，包括操作人员、维护人员、检修人员、管理人员。特别强调操作人员自主维护的重要性。要认真做到"三好（管好、用好、修好）"，"四会（会使用、会保养、会检查、会排除故障）"，设备润滑的"五定［定人（定人加油）、定时（定时换油）、定点（定点给油）、定质（定质选油）、定量（定量用油）］"；做好日常设备点检工作。设备安全管理主要有以下几点。

（1）变速箱及各种传动是否正常，有无杂声。

（2）各挡变速、定位是否可靠。

（3）电气控制仪表是否完整灵敏。

（4）电机转动是否正常，按钮开关是否灵敏可靠。

（5）储油箱油量是否充足，注油孔是否畅通。

（6）油质、油窗是否清洁、明亮。

（7）设备内外是否清洁，有无油污。

（8）有无严重漏油、漏水、漏气现象。

（9）防护装置是否可靠，有无缺件。

此外，做到设备的日常维护保养和一级保养（以操作人员为主，维修人员为辅，按计划对设备进行局部拆卸和检查，清洗规定的部位，疏通油路、管道，更换或清洗油线、油毡、滤油器，调整设备各部件配合间隙，紧固设备各个部位）；做到班前正确润滑设备，班中注意运行情况，班后清扫擦拭设备，保持清洁。如果每位操作人员都能做到以上几点，设备就会是安稳而无危险的。为此，每位和设备打交道的人员，必须做到以下几条。

（1）减少设备故障损失，提高可预知运行时间。维修人员准备运行设备的零部件，实行计划维修。

（2）减少设备维修的频率，节约时间，节约维修成本，延长设备寿命。

（3）减少设备引起的质量问题。

（4）减少设备突然发生故障造成的停机损失。

（5）按章办事，就不可能出现对人体意外伤害。

（6）设备的完好率得到保证，才能做到安全生产。

（7）在做好基本的准备工作后，专业维修人员才会有时间进行设备的小修、大修。

三、如何让员工积极参与安全绩效管理

1.解决安全绩效管理的途径

企业在推行绩效管理的过程中，总会遇到来自各方的阻力。因为绩效管理

不但是对员工行为的一种改变，同时也将员工利益和企业目标紧密捆绑在一起，因此多数员工认为安全绩效管理是企业为约束员工而给他们戴的"紧箍咒"，因而不理解、不配合，甚至消极抵制。如果这个问题不能从源头上得到解决，安全绩效管理最终要么成为一种纯粹的形式，要么可能直接"流产"。那么，企业的各级管理者该如何解决这一事关安全绩效管理成败的问题呢？笔者结合多次为企业辅导安全管理绩效体系运行的经验，提出了一些解决思路。

（1）安全观念转变　让员工接受安全新理念。

（2）绩效计划制订

① 帮助员工明确安全工作目标；

② 帮助员工制订安全行动计划；

③ 激发员工岗位安全责任感。

（3）绩效面谈与绩效改进

① 肯定下属的成绩，激励下属；

② 帮助下属分析绩优绩差原因；

③ 与下属制订绩效改进计划；

④ 倾听下属对部门的意见或建议。

（4）安全绩效评估

① 评估员工绩效结果；

② 让员工认识到与同事之间的差距。

（5）安全绩效辅导

① 指出员工安全工作中的失误，传授安全技能、安全知识；

② 采取合适方式开展安全绩效辅导；

③ 根据环境变化及时修订下属安全工作目标；

④ 反馈员工的安全绩优表现，激励员工。

（6）组织目标分解工作单元职责

① 安全绩效；

② 安全管理循环。

在激烈的竞争压力下，员工大都希望通过自我管理，对自己的工作能有更多的发言权；同时，每一位优秀的员工也渴望自己的工作结果能得到一个公正的评价和反馈，渴望一个科学的机制让自己脱颖而出。他们之所以对绩效安全管理产生反感甚至敌对情绪，很大程度上是由于没有明白企业导入安全绩效管理的真正意义。因此，安全绩效管理理念的成功导入是企业顺利推行安全绩效管理的前提。安全绩效管理的目的是将公司安全生产战略逐级分解，以期望的目标值来规划每个员工的"行为跑道"，使员工在保持方向一致的情况下充分发挥各自的潜能,完成工作目标,从而保证组织目标的达成,实现企业与员工的双赢;通过对员工安全业绩、安全素质能力的考核评估,发现员工现有安全知识、安全技能与现任岗位要求和未来职业发展的差距,指出改进的方向,为员工提供必要的在职辅导,提高员工的能力,使员工在未来能有更多的发展机会。

2.让员工参与目标制定

改变任务分配方式,员工实质性介入安全绩效管理始于参与个人绩效目标的制定。这一过程中,直线主管需要改变以往的命令式任务分配方式,与员工就当期目标进行交流,让员工明白各自安全工作目标的完成在部门目标或公司目标中的重要性以及两者目标之间的逻辑关系;为了达到目标,公司和部门期望员工做什么,怎样做才是正确的,有什么衡量的标准和纠正措施,目标的完成结果与激励的关系是怎样的等。与此同时,主管还要与员工交流完成安全工作目标所采用的方法、可能遇到的问题、所需的资源支持及其他所有的顾虑等。譬如人力资源部门的招聘专员为了完成某一岗位的招聘目标是采取外部招聘还是内部竞聘措施呢?利用现场招聘好还是网络招聘好呢?人力资源经理在与招聘专员共同制定这一目标时,要与下属进行充分沟通,帮助下属明确实现目标所需要采取的正确方法和措施,避免因采取不当的招聘方式而浪费资源或影响招聘目标的达成。通过这种方式为员工定目标,员工不但有一种被关注、受重视的感觉,而且也能提高分析问题、解决问题的能力,同时对安全绩效管理的抵触心理会大大减小。

通过与员工共同制定安全工作目标,使员工在工作中有了明确的方向和正确的思路,从而使员工愿意接受安全工作目标的约束和引导,并产生巨大的安全工作动力,为高效完成自身目标打下良好的基础,从而使员工的安全工作目标真正成为自己行动的指南。同时,主管与员工一起自上而下选择安全目标能激发个人的安全责任意识,引导员工主动地自我设定挑战性的目标,这对个人安全绩效和团队安全绩效都将产生积极的影响。

在许多企业的安全绩效管理中,员工完全是被动的任务接收者和安全绩效被评估者,直线主管只是将自己设计好的安全绩效标准和安全工作任务强加给员工,在员工对这些强加的安全绩效标准和安全工作目标充满抵触的情况下,其员工及部门的安全绩效结果也就可想而知了。

3.进行员工参与绩效管理的过程辅导

帮助员工达成安全绩效,在安全绩效管理实施过程中,直接主管并不是制定完下属的目标就可坐等收获了。由于抱此种幻想的主管忽视了对员工的过程辅导,一般只能得到更大的教训。安全绩效管理理念中明确指出,辅导员工达成安全目标是上级主管义不容辞的责任。因此在目标设定以后,上级主管便成了下属员工的教练员,对员工的过程辅导成为上级主管一项非常重要的任务。上级主管对员工的安全绩效辅导方式应因人而异,对在安全生产中成绩优秀的员工重点在完成的策略上给予指导就足够了,因为他们对安全要求已经熟记在心。当然由于绩优员工较其他员工相比具有一定的能力优势,因此部门或公司的一些急难险重的任务不可避免地会交给他们完成,而且这些任务一般对部门或公司当期目标的实现都起着举足轻重的作用,这时的主管不但要认真地与绩优员工沟通确认安全目标,制订详细可行的计划,而且要将任务或目标分解为一系列小的时间节点,共同讨论任务执行中可能发生的安全问题及预防措施,并根据工作计划定期检查任务执行情况,根据实际情况帮助其修订计划,及时解决员工反馈的问题,确保特殊任务的完成。

对安全技能原因导致安全绩效不良的员工,不但要检查、指导安全绩效计划中的节点完成情况,而且要注重过程的跟踪,及时指出完成该项任务中所需掌握的安全知识和技能,并将绩优员工的相关成熟经验传授给绩差员工,提高员工的岗位胜任能力,使绩差员工较好地提高绩效。

对于态度原因造成安全绩效不良的员工,主管在对这类员工进行企业安全文化理念宣贯和正常安全绩效辅导的同时,更要体现对这类员工个人生活、学习等方面的关心和爱护,培养这类员工对岗位的认可度及对组织的忠诚度,以激发其对安全工作的热情。

主管在安全绩效辅导过程中对下属员工日常工作中的绩优及绩差表现不但要及时反馈,并且要做详细记录,为安全绩效面谈提供充分的客观依据。在实施安全绩效辅导过程中,如果发现外界市场环境的变化或目标实现的客观条件发生改变而导致员工的安全工作目标已经无法达到,主管应及时与下属沟通安全目标执行中存在的问题,共同对安全目标进行修正,使下属安全目标的设置仍具有挑战性和激励性,积极完成新安全目标。

4.对于安全绩效管理工作的改进

为员工制订改进计划。安全绩效面谈是指直线主管与下属之间就安全绩效考核过程和结果进行的交流与沟通,旨在对考核结果达成一致意见,保证各项考核的公正公平,并在分析成绩和肯定优点的同时,指出员工有待改进的方面,共同制订员工个人发展计划和安全绩效改进计划。

面谈是一种双向沟通的过程,上级主管应给下属充分表达的机会,才能有效地了解下属的问题和想法。首先要感谢下属这一阶段的工作贡献,引导下属说出工作中的酸甜苦辣及对问题的看法、分析等,对有歧义的地方,要让下属陈述和解释。

主管要善于发现下属的闪光点，分享下属的经验。对安全绩效不佳的员工，也要表扬其好的一面，树立信心，让其再接再厉，把安全工作做好。同时，主管给下属的反馈要尽量具体，无论是批评还是表扬，都应有具体客观的结果或事实来支持，用与员工安全绩效结果相关的数据与信息，真实公正地评价员工的安全绩效，帮助员工总结成功的经验，分析未达标的原因，并提出有针对性的改进建议，帮助员工制订可执行的改进计划，避免"你的态度很不好"或是"你的安全工作做得不错"这类空泛的陈述。另外，模棱两可的反馈不仅起不到激励效果，反而易使员工产生不确定感。上级要帮助员工找出问题的原因及自身的发展前景，共同制定新的工作目标，使下属工作产生一个新起点。

通过上述一系列安全绩效管理措施，员工会感觉到工作目标比以前更加明确，工作过程中主管的支持力度更大了，同时主管的及时反馈也使员工能够时刻了解到自己的长处和不足，从而使员工逐步实现从"怕考核""被考核"到"要考核"心态的转变。

第五节 杜邦是如何落实现场安全管理的

杜邦现场安全管理主要体现在四个核心要素上。有了这四个核心要素，现场的安全管理理念就能落到实处，就能取得很好的效果。

一、要有能见度

能见度即领导者出现在工作场所及领导典范的可见程度，包括工作任务的参与，贯彻执行安全规程及组织安全政策，扮演安全角色楷模。领导者在生产现场的出现，也就是员工所说的能见度，代表领导者深入现场，代表领导者关心安全，代表领导者心系员工。

第一，领导者下基层、上岗位要勇于担当，把个人成长与企业安全发展紧密相连。杜邦十大安全理念的明确要求，使企业的各级领导面临的任务光荣而又艰巨，在世界经济一体化，建设人类命运共同体的今天，感觉到生逢其时。领导者要胸怀大局，珍惜岗位、珍惜时间、珍惜环境，把个人的梦想融入安全生产的共同梦想之中，在积极投身安全发展的同时实现自己的人生价值。

第二，领导者下基层、上岗位要善于学习，不断提高做好安全工作的本领。企业领导者养成良好的学习习惯，树立终身学习的理念，对其成长发展至关重要。杜邦要求企业领导者要认真规划自己的学习目标，发扬"挤"和"钻"的精神，持之以恒，日积月累，真正把学习的体会和成果转化为谋划安全工作的思路，促进安全工作的措施，培养过硬本领，担负安全生产重任。

第三，领导者下基层、上岗位要勤于实践，在基层的安全生产中锻炼成长。下基层、上岗位就是密切联系员工、掌握安全工作信息、锻炼自己的重要渠道，也是提高领导者能力水平的重要手段。

二、须搞好与员工的关系

借助与工作团体之间高层次的沟通，倾听心声，采纳建议，发展开放、坦诚和信赖的关系，随时保持"开放"的政策，鼓励全体成员尽情地讨论安全事项，而且不必恐惧会受到责难。员工和领导的关系越融洽，企业的安全工作越顺利，越能体现出安全生产的价值，领导越受到员工的爱戴和拥护。杜邦要求：

（1）管理员工，攻心为上　员工会犯错误，管理者同样会犯错误，不要把所有的错误推向员工，敢于向员工道歉，属于自己的责任、过错要敢于在员工面前承认。在下属面前承认错误，不但不会有负面影响，反而会让员工更加尊重管理者，而且这种尊重一般来说都是发自内心的尊重。

（2）充分认识人是企业最大的财富　杜邦认为，企业要学会抓心，抓住员工的心，就需要一套激励机制，以员工管理为中心，以绩效管理为主线，辅助文化落地、知识管理、沟通分享、数据驱动等，塑造管理者和员工职业化，从不知所措到有章可循，轻轻松松做好管理。

三、工作团体的投入

在规划及决定方面，工作团体的投入及授权有助于增进其自主权及安全绩效责任。团队其实是一群为了共同的目的而一起工作的人，他们必须相互依赖，以实现共同的目标。杜邦认识到团队并非一个所属成员简单组合在一起的工作群体，它是一个有机的、协调的并有章可循的结构合理的整体。因为每个人的能力都是有限的，当一项工作或任务远远超出个人能力范围时，进行团队协作就势在必行。团队不仅能够完善和扩大个人的能力，还能够帮

助成员加强相互理解和沟通，把团队任务转化成自己的任务，团队成员也会在团队协作这个过程中迅速地成长起来。杜邦公司的要求如下。

（1）做一个有责任心的人　不论是处在什么岗位，从事什么工作，都要认真地对待。这是一个职业人士必须具备的最重要的素质。有句话说，细节决定成败。不忽视任何一个工作中的小问题，维护公司财产和利益，做到兢兢业业，尽心尽责。

（2）富有一颗忠诚的心　做一个有较强能力的人固然重要，但相比之下，忠心无疑是一个员工首要的职业素质。现在，没有什么可以让人终身受雇于一个企业，但忠心却是判断一个人能否长久为企业工作的标志。员工希望工作稳定，职业稳定，也希望能有一条职业晋升渠道，因此要保持一颗忠诚的心，使自己具备良好的职业素养。

（3）努力使自己成为团队的一员　"1+1=2"都很清楚，如果应用到企业中，却有许多人使这个等式变为了"1+1<2"。这些人中有许多人都具备较强的能力，却时刻在为私利算计着。员工不能成为这样的人，应当让自己的能力和别人的加在一起取得"1+1>2"的效果。

（4）做事自动自发、不为错误找借口　不具备主动精神的团体是可怕的，做事只是等待上级的安排，即使能把工作做好，也迟早会把组织拖入一个尴尬的境地。员工应富有主观能动性，做到日事日毕，日清日结，每天都是处在一个积极的状态，而不是让事等人。

（5）坚信老板是第一顾客　老板没有义务，也不应该具有怜悯之心去给一个员工发工资。只有自己满腔热情地做事、做对事，得到老板的肯定，才能使自己的价值很好地发挥出来。往大了说，上级领导也是自己的顾客，做事就是为他们服务，得到他们的肯定。

（6）尽最大的能力使自己变成学习型员工　世界唯一的不变就是在变。在学校里学到的知识只是一个基础，只有到社会上再学习，才能使自己的职业生涯发展更好。打个比方说，一棵大树如果没有养分持续供应，再茂盛的枝叶也会枯萎。

（7）时刻保持创新精神，经常提出合理化建议　经常地关注工作本身，及时发现问题，提出合理化建议及解决办法，并且予以总结，以更好地指导自己。作为企业员工，应从老员工身上、工作本身方面总结思考，时间久了，也便有了创新。

（8）有自己的价值判断　无可否认，辞职是一个很严重的问题。因此在跳槽这个问题上要有自己的看法，有自己的价值判断，不为他人所动。每个人都有自己的特点，每个人都有适合自己的职业，不能人云亦云，贸然地丢掉工作，到一个陌生的地方去发展。对职业人士来说，保持稳定的人际关系才是正确的选择。

四、强调主动管理

主动管理包括在安全事务方面采取行动，对意外事件采取适当的后续行动，获得员工及一线主管的支持，采取有效的对策及建立系统等。

（1）紧要的是扎实筑牢安全的思想防线　思想决定行动，思维的广度决定了行动的维度。在对待安全问题时必须认识深刻、主动作为，要主动研究探索现场安全的管理办法和安全措施，在落实的过程中主动校正偏差，才能不断筑牢安全思想基础，使安全真正服务于企业发展。

（2）核心的是积极提升安全技术防护　安全是把双刃剑，一方面，我们面对着丰富的安全资源，可用于提升安全发展质量；另一方面，我们面对着隐患陷阱，发生安全问题的可能随时存在。要实现设备使用的高效率，提升设备安全防护的技术手段非常必要，培养过硬技术的维护人员非常必要。为此，应在积极盘活企业资源的基础上，解决维护设备、装置安全的技术壁垒，提升企业安全的底数。

（3）关键的是全面强化企业安全生产的共同责任　安全无小事。安全的最终决定因素是人，只要人人都树立正确的安全观，明确禁止什么和提倡什么，并自觉承担起维护安全的相应责任，汇聚众人之力，则可承担起维护安全的共同责任。在这个维度上，企业须强化对安全关键性、根本性的认识，不断推进企业安全工作向深向实发展。

（4)"四不伤害"原则要发扬

① 不伤害自己。要提高自我保护意识，不能因自己的疏忽、失误而受到伤害，取决于自己的安全意识、安全知识、对工作任务的熟悉程度、岗位技能、工作态度、工作方法、精神状态、作业行为等多方面因素。

② 不伤害他人。他人生命同样宝贵，不应该被忽视，保护同事是自己应尽的义务。自己的行为或后果，不能给他人造成伤害。在多人作业时，如果自己不遵守操作规程，对作业现场周围观察不够，以及自己操作失误等，自己的行为可能对现场周围的人员造成伤害。

③ 不被他人伤害。人的生命是脆弱的，变化的环境蕴含多种可能失控的风险，自己的生命安全不应该被他人随意伤害，每个人都要加强自我防范意识，工作中要避免他人的错误操作或其他隐患对自己造成伤害。

④ 保护他人不受伤害。任何组织中的个人都是团队中的一员，要担负起关

心爱护他人的责任和义务，不仅自己要注意安全，还要保护团队的其他人员不受伤害，这应是每个成员对集体中其他成员的承诺。

安全生产管理制度是一系列为了保障安全生产而制定的条文。它建立的目的主要是为了控制风险，将危害降到最小，安全生产管理制度也可以依据风险制定。"四不伤害"是员工的自觉行为，是安全管理的最高境界，必须发扬光大。

参考文献

[1] 国家安全生产监督管理总局. 安全文化建设"十二五"规划（安监总政法〔2012〕172号），2012.

[2] 国家安全生产监督管理总局令第40号. 危险化学品重大危险源监督管理暂行规定，2010.

[3] 国家安全生产监督管理总局令第44号. 安全生产培训管理办法，2012.

[4] 国家安全生产监督管理总局令第42号. 关于印发安全生产应急管理"十二五"规划的通知，2011.

[5] 国务院国有资产监督管理委员会业绩考核局，国家安全生产监督管理总局安全生产协调局. 现代安全理念和创新实务. 北京：经济科学出版社，2006.

[6] 李存茂，李久江. 战神鹰犬——化工业化工巨头杜邦公司解读. 北京：中国方正出版社，2011.

[7] [美]阿德里安·金南. 杜邦200年——发源于白兰地河的科学奇迹. 杜邦中国集团有限公司译. 上海：上海科学技术出版社，2002.

[8] 崔政斌，崔佳. 现代安全管理举要. 北京：化学工业出版社，2011.

[9] 崔政斌等. 现代企业安全管理新编. 北京：化学工业出版社，2005.

[10] 崔政斌等. 安全管理基础新编. 北京：化学工业出版社，2004.

[11] 崔政斌等. 危险化学品安全技术. 北京：化学工业出版社，2010.

[12] 崔政斌等. 图解化工安全生产禁令. 北京：化学工业出版社，2011.

[13] 崔政斌等. 杜邦十大安全理念透视. 北京：化学工业出版社，2013.

[14] 崔政斌等. 杜邦安全管理. 北京：化学工业出版社，2019.

[15] 崔政斌等. 世界500强企业安全管理理念. 北京：化学工业出版社，2015.

[16] 崔政斌等. 安全生产十大定律与方法. 北京：化学工业出版社，2018.

[17] 崔政斌等. 危险化学品企业安全管理指南. 北京：化学工业出版社，2016.